中等职业院校立德树人系列教材

心理健康素养

主　编　田俊收
副主编　曹　莉　孟惠娟　张惠敏

北　京
冶金工业出版社
2017

内容提要

本书共8章，包括认识自我、管理情绪、青春期成长、人际沟通、学习能力、团队协作、创新思维、职业心理等方面内容。每章内容分为“心理导航”和“心理训练”两大模块。其中各章的心理训练模块都包括4~6个心理素质训练活动，可供在心理健康课堂或“第二课堂”中心理素质训练活动使用。学生通过参与活动，可增强积极心理体验，提高心理素质，提升心理健康素养。

本书可作为中等职业学校心理健康教育课程的教材，也可作为广大社会青少年和家长的心理咨询读物。

图书在版编目(CIP)数据

心理健康素养/田俊收主编.—北京：冶金工业出版社，2017.9

中等职业院校立德树人系列教材

ISBN 978-7-5024-7635-9

Ⅰ.①心…　Ⅱ.①田…　Ⅲ.①心理健康—健康教育—中等专业学校—教材　Ⅳ.①G444

中国版本图书馆CIP数据核字(2017)第232010号

出 版 人　谭学余

地　　址　北京市东城区嵩祝院北巷39号　邮编　100009　电话　(010)64027926

网　　址　www.cnmip.com.cn　电子信箱　yjcbs@cnmip.com.cn

责任编辑　陈慰萍　美术编辑　吕欣童　版式设计　孙跃红

责任校对　李　娜　责任印制　牛晓波

ISBN 978-7-5024-7635-9

冶金工业出版社出版发行；各地新华书店经销；三河市双峰印刷装订有限公司印刷

2017年9月第1版，2017年9月第1次印刷

169mm×239mm；11.25印张；165千字；170页

27.00元

冶金工业出版社　投稿电话　(010)64027932　投稿信箱　tougao@cnmip.com.cn

冶金工业出版社营销中心　电话　(010)64044283　传真　(010)64027893

冶金书店　地址　北京市东四西大街46号(100010)　电话　(010)65289081(兼传真)

冶金工业出版社天猫旗舰店　yjgycbs.tmall.com

(本书如有印装质量问题，本社营销中心负责退换)

前　言

教育部印发的《中等职业学校德育大纲（2014 年修订）》，对中职学生的心理健康教育提出了明确要求，即让学生“养成自尊、自信、自强、乐群的心理品质，提高心理健康水平和职业心理素质，人格健全，乐观向上”。中职学生正处于身心发展的关键期、敏感期，正值世界观、人生观、价值观形成的关键时期，加强心理健康教育非常必要。

中职学生心理健康教育内容包括心理健康基本知识和方法教育、青春期心理健康教育、职业心理素质教育、心理咨询辅导和援助。一般情况，中职学校通过心理健康课堂教学，让学生掌握心理健康基本知识。此外，中职学校应在心理健康课堂或“第二课堂”中增加心理训练活动。在教师的指导下，学生可通过参与活动，增强积极心理体验，提高心理素质，从而达到提升心理健康素养的目的。

目前，市面上针对中职学生心理素质训练活动的教材不多。根据实际需要，我们组织部分心理咨询师、心理健康辅导教师编写了本书。他们具有丰富的教育教学和学生心理问题处理经验，编写内容贴近于工作实际。本书汲取了部分心理健康教材的优点和编写经验，以“心理健康素养”为主线，淡化学科知识，突出心理素质训练活动。

本书由田俊收担任主编，曹莉、孟惠娟、张惠敏担任副主编，刘乘霖、赵洁等老师参与编写，北京奥泰瑞格科技有限公司余芳菲同志参与编写了部分心理训练活动。在编写过程中，编者参考了许多专家、老师的研究成果和教材，在此表示感谢。感谢天津市劳动保障技师学院、天津市劳动保护学校领导和老师的大力支持，感谢北京奥泰瑞格科技有限公司提供的素材。

由于编者水平有限，教材存在不足，请读者批评指正。

编　者

2017 年 5 月

目 录

1 认识自己，坚定信心

中职生处在青年初期，处于身心成长的关键期，了解自己、认识自己，可以在成长中掌握主动性，促进自己的发展。认识自己，包括认识自己的生理状况（如身高、体重、体态等）、心理特征（如兴趣、能力、气质、性格等）以及自己与他人的关系（如自己与周围人相处的关系、自己在集体中的位置与作用等）。

心理导航

1.1 人格与能力

目前，在我国中职教育中，大多中职生是中学里学习不太好、没有考上普通高中的孩子，是传统眼光里的“失败者”。他们大多自信心不强，甚至是自卑，认为自己是失败者。实际上，这既是一种社会问题，也是一种心理问题。中职生一定要正视自己的能力，了解自己的人格特点，树立正确的能力观、人才观，抓住在校期间的关键期，发挥优势，提升能力，将自己打造成为未来的大国工匠。

1.1.1 人格

对于人格，不同的专家学者从不同的角度给出了多种不同的界定。人格是人类独有的，由先天获得的遗传素质与后天环境相互作用而形成的，能代表人类灵魂本质及个性特点的性格、气质、品德、品质、信仰、良心以及由此形成的尊严、魅力等。每个人的行为、心理都有一些特征，这些特征的总和就是人格。人格特征可以是外在的，也可以是隐藏在内部的。

各种良好人格特征在个体身上的集中体现就是健康人格。健康人格一般应达到以下标准：和谐的人际关系，良好的社会适应能力，正确的自我意识，乐观向上的生活态度，良好的情绪调控能力，积极向上人生观价值观，坚持快乐。

健康的人格对于每个人的成长都至关重要。它可以通过以下途径养成：

（1）保持开朗的心境，学会控制和调节自己的情绪，建立积极、健康的情绪状态。

（2）加强意志磨炼，自觉主动地控制自己的行为，培养经受挫折的耐受力，不盲目冲动，不消极低沉，始终保持乐观的态度。

（3）注意性格完善，自觉检查修正自己的性格特点，培养健康的性格模式。

（4）养成良好的思维品质，培养独立分析问题和解决问题的能力。

（5）培养良好的情操，加强思想品德修养，树立科学的世界观、人生观，注重社会实践，提高自身综合素质。

（6）养成良好的生活习惯，保持积极乐观向上的生活态度。

（7）积极参加弘扬社会主旋律的公益性活动。

1.1.2　性格

性格是指表现在人对现实的态度和相应的行为方式中的比较稳定的、具有核心意义的个性心理特征，它是一种与社会关系最密切的人格特征。性格表现了人们对现实和周围世界的态度，主要体现在对自己、对别人、对事物的态度和所采取的言行上。

性格形成受多种因素影响，主要有三个方面，分别是基因遗传因素、成长期发育因素以及社会环境的影响因素。可见，性格形成有来自于本身的因素，也受相应的环境影响。

心理学家们曾经以各自的标准和原则，对性格类型进行了分类，以下列举几种有代表性的观点：

（1）斯普兰格根据人们不同的价值观，把人的性格分为理论型、经济型、权力型、社会型、审美型、宗教型。

（2）宋联可博士根据五行属性划分出金、木、水、火、土五类性格，又称5D性格，他们有着各自鲜明的性格特征，也决定了各自的思维模式与行为方式。

(3) 尧谷子认为人性决定着人格，性格是人格的表现，他将性格划分成72种。

不论何种性格类型，都有其优势的一面，也有其劣势的一面。作为中职生来说，要注重发现并发扬性格中的优势因素，改变劣势因素，以完善自己的人格，健康成长。

1.1.3 气质

气质是个人生来就具有的心理活动的典型而稳定的动力特征。按照气质不同特征的组合，人的气质可以分成不同的类型。早在2500多年以前，希波克拉底就最早对气质进行了划分，他把气质分为多血质、黏液质、胆汁质和抑郁质四种气质类型。

多血质的人容易形成有朝气、热情、活泼、爱交际、有同情心、思想灵活等品质；也容易出现变化无常、粗枝大叶、浮躁、缺乏一贯性等特点。这种人活泼、好动、敏感、反应迅速、喜欢与人交往、注意力容易转移、兴趣和情感易变换等等。这种人适宜于做要求反应迅速而灵活的工作。所以在职业领域，多血质的人一般是职业多面手、专长多、能力强，精于调整、调和各类关系，有经营管理、分析设计和规划能力，会推销商品，适于经济规划、统计、设计、商业推销、节目主持等工作。

黏液质相当于神经活动强而均衡的安静型。这种气质的人平静，善于克制忍让，生活有规律，不为无关事情分心，埋头苦干，有耐久力，态度持重，不卑不亢，不爱空谈，严肃认真；但不够灵活，注意力不易转移，因循守旧，对事业缺乏热情。

胆汁质的特点是情感发生迅速、强烈、持久，动作的发生也是迅速、强烈、有力。属于这一类型的人一般都热情、直爽、精力旺盛、脾气急躁、心境变化剧烈、易动感情，具有外倾性。

抑郁质的人神经类型属于弱型，他们体验情绪的方式较少，稳定的情感产生也很慢，但对情感的体验深刻、有力、持久，而且具有高度的情绪易感性。抑郁质的人为人小心谨慎，思考透彻，在困难面前容易优柔寡断，一般表现为行为孤僻、不太合群、观察细致、非常敏感、表情腼腆、多愁善感、行动迟缓、优柔寡断，具有明显的内倾性。所以，抑郁质的人适合校对、打字、排版、检察员、雕刻工作、刺绣工作、保管员、机要秘书、艺术工作者、哲学家、科学家等职业。

气质类型不分好坏，每个人也不仅是只有一种气质类型，往往是多种气质特征的结合，只是在某一方面比较突显。充分了解自己的气质类型，有助于认识自己的人格。

1.1.4 能力

能力是指能够顺利完成某些活动所必须具备的个性心理特征，即能力是直接影响活动效率，使活动得以顺利进行的心理特征。能力分为一般能力和特殊能力两类。一般能力是指观察、记忆、思维、想象等能力，通常也称智力。它是人们完成任何活动所不可缺少的，是能力中最主要也最一般的部分。特殊能力是指人们从事特殊职业或专业需要的能力。人们从事任何一项专业性活动，都既需要一般能力，也需要特殊能力。

著名心理学家霍华德·加德纳（Howard Gardner）曾在 1983 年阐述过多元智能理论。他明确提出人类存在多种不同的思维方式，他将人类的智能类型分成 8 种：

（1）言语-语言智能，指听、说、读、写的能力。

（2）音乐-节奏智能，指感受、辨别、记忆、改变和表达音乐的能力。

（3）逻辑-数理智能，指运算和推理的能力。

（4）视觉-空间智能，指感受、辨别、记忆和改变物体的空间关系，并借此表达思想和感情的能力。

（5）身体-动觉智能，指运用四肢和躯干的能力。

（6）自知-自省智能，指认识、洞察和反省自身的能力。

（7）交往-交流智能，指与人相处和交往的能力。

（8）自然观察智能，指个体辨别环境的特征并加以分类和利用的能力。

每个人在这 8 种能力上所拥有的量参差不齐，所以每个人都有其强项和弱项。人的某项能力不强，不代表其他能力不强；某项能力强，也不代表其他能力都强。所以，中职学生认识自己的强项和弱项，在成长过程中，注意提升能力，让强项更强、弱项变强。

1.2 自我意识

自我意识有三个层次，即包括知、情、意三个方面，是由自我认知、自我体验和自我调节（或自我控制）三个子系统构成的。因此，自我意识也可以称为自我调节系统。

自我认识是自我意识的认知成分，是自我意识的首要成分，也是自我调节控制的心理基础，它包括自我感觉、自我概念、自我观察、自我分析和自我评价。自我分析是在自我观察的基础上对自身状况的反思。自我评价是对自己能力、品德、行为等方面社会价值的评估，它最能代表一个人自我认识的水平。

自我体验是自我意识在情感方面的表现。自我体验的具体内容主要包括自尊心、自信心。自尊心是个体在进行社会比较过程中所获得的关于自我价值的积极评价与体验。自信心是个体对自己能力是否适合所承担的任务而产生的自我体验。自信心与自尊心和自我评价联系紧密。

自我意识的意志成分是自我调节。个人对自己的行为、活动和态度的调控是自我调节的主要表现。它包括自我检查、自我监督、自我控制等。主体在头脑中将自己的活动结果与活动目的加以比较、对照的过程就是自我检查。一个人以其良心或内在的行为准则对自己的言行实行监督的过程称为自我监督。主体对自身心理与行为主动的掌握是自我控制。自我意识中直接作用于个体行为的环节就是自我调节，它是一个人自我教育、自我发展的重要机制，自我调节的实现是自我意识的能动性质的表现。自我意识的调节作用表现为：启动或制止行为，心理活动的转移，心理过程的加速或减速，积极性的加强或减弱，动机的协调，根据所拟订的计划监督检查行动，动作的协调一致等。

那怎样才能获得对自我的正确认识呢？可参考以下几种方法：

(1) 与他人比较。将自我与周围人进行比较，是了解自己的一个重要途径。对于中职学生来说，主要是与同龄人比较，同龄人之间有很多相似之处，可以互相交流和沟通，同时互相了解得也比较透彻。但比较不是目的，重要的是通过比较来正确认识自己。

（2）与自己比较。我们可以通过与过去的自己进行比较来认识自己。不管我们在群体中的位置如何，只要相对于自己的过去是进步，那就值得庆贺。

（3）自我反省。通过自我反省，我们能够更深刻地认识自己，逐渐形成一套正确的自我评价标准，从而更好地在认识自我的基础上塑造自我，最后达到自我实现的目标。

1.3 意志力

我们将人自觉地确定目的，并根据目的调节支配自身的行动，克服困难，实现预定目标的心理过程称为意志。意志是人的意识能动性的集中体现，是人类特有的心理现象。它在人主动变革现实的行动中表现出来，对心理状态和外在行为有发动、坚持、制止和改变的控制调节作用。

意志力是指人们为达到既定目的而自觉努力的程度或坚强的意志品质。它是一个人在生活中形成的比较稳定的意志特征，是个性的重要组成部分。人的意志力并不是与生俱来的，而是在社会实践活动中逐渐培养锻炼出来的。

心理学家通常把意志力分成静态和动态两方面。一方面，它是引导人类行动的力量；另一方面，它又是人们在这些行动中的行为。因此，当一个人能够在某一事件或一连串事件中表现出极大的决心与力量时，就会被认为拥有很强的意志力（静态的）；而他的意志力的特性，需要通过他的决心或行动的力度和持久性来体现出来。此时，这一过程中所展现出来的意志力就变为了动态的意志力。

俗话说“意志创造人”。在人的大脑中，储藏着取之不尽的财富。通过提高意志力，人可以获得人生的富贵，取得生活中的各种成就。这种意志力，在我们每个人的身体之内默默地潜藏着。真正创造人生奇迹的是人的意志力。意志是人的最高领袖，是各种命令的发布者，当这些命令被完全执行时，对世上每个人的价值无法估量的意志的指导作用就发挥出来了。下面提供几个增强意志力的方法。

（1）积极主动做事情。主动的意志力能让你克服惰性，把注意力集中于未来。在遇到阻力时，想象自己在克服它之后的快乐；积极投身于实现自己目标的具体实践中，你就能坚持到底。不要把意志力与自我否定相混淆，当它应用于积极向上的目标时，会变成一种巨大的力量。

（2）下定决心培养意志力。美国罗得艾兰大学心理学教授詹姆斯·普罗斯把实现某种转变分为四步：

抵制——不愿意转变；

考虑——权衡转变的得失；

行动——培养意志力来实现转变；

坚持——用意志力来保持转变。

有的人属于“慢性决策者”，他们知道自己应该减少喝酒量，但在决策时却优柔寡断，结果无法付诸行动。

为了下定决心，可以为自己的目标规定期限。有个小故事恰恰说明了这点。加州的一位教师玛吉·柯林斯，在被选为一个市民组织的主席后，决定减肥 6 公斤。为此她购买了比自己的身材小两号的服装，要在 3 个月之后的年会上穿起来。由于坚持不懈，柯林斯终于如愿以偿。

（3）明确做事情的目标。尽可能不要说诸如此类空空洞洞的话：“我打算多进行一些体育锻炼”，或“我计划多读一点书”。而应该具体、明确地表示：“我打算每天早晨步行 45 分钟”，或“我计划一周中一、三、五的晚上读一个小时的书”。

有学者曾经研究过一组打算从元旦起改变自己行为的实验对象，结果发现最成功的是那些目标最具体、明确的人。其中一名男子决心每天做到对妻子和颜悦色、平等相待。后来，他果真办到了。而另一个人只是笼统地表示要对家里的人更好一些，结果没几天又是老样子，照样吵架。

（4）权衡好利弊。如果你因为看不到实际好处而对体育锻炼三心二意的话，光有愿望是无法使你心甘情愿地穿上跑鞋的。

著名的普罗斯教授对前往他那儿咨询的人劝告说，可以在一张纸上画好 4 个格子，以便填写短期和长期的损失和收获。假如你打算戒烟，可以在顶上两格填上短期损失（“我一开始感到很难过”）和短期收获（“我可以省下一笔钱”）；底下两格填上长期收获（“我的身体将变得更健康”）和长期损失（“我将失去一种排忧解闷的方法”）。通过这样的仔细比较，聚集起戒烟的意志力就更容易了。

（5）主动改变自我。仅仅知道收获是不够的，最根本的动力产生于改变自己形象和把握自己生活的愿望。道理有时可以使人信服，但只有在感情因素被激发起来时，自己才能真正响应。

有个案例是这样的：汤姆每天要抽三盒烟，尽管咳嗽不止，但依然听不进医生的劝告，而是我行我素，照抽不误。“有一天，我突然意识到自己真是太笨了”他回忆说，“这不是在‘自杀’吗？为了活命，得把烟戒掉。”由于戒烟能使自己感觉更好，汤姆产生了改掉不良习惯的意志力。

（6）注重精神的作用。法国17世纪的著名将领图朗瓦以身先士卒闻名，每次打仗都站在队伍的最前面。在别人问及此事时，他直言不讳道：“我的行动看上去像一个勇敢的人，然而自始至终却害怕极了。但我没有向胆怯屈服，而是对身体说，‘老伙计，你虽然在颤抖，可得往前走啊！’”因此，他每次都毅然地冲锋在前。

大量的事实证明，好像自己有顽强意志一样地去行动，有助于使自己成为一个具有顽强意志力的人。

（7）注重磨炼意志。早在1915年，心理学家博伊德·巴雷特曾经提出一套锻炼意志的方法，其中包括从椅子上起身和坐下30次，把一盒火柴全部倒掉后一根一根地装回盒子里。他认为，这些练习可以增强意志力，以便日后去面对更严重更困难的挑战。巴雷特的具体建议似乎有些过时，但他的思路却给人以启发。例如，你可以事先安排星期天上午要干的事情，并下决心不办好就不吃午饭。

来自新泽西州的比尔·布拉德利是纽约职业篮球队的明星，除了参加正常的训练之外，他每天一大早都来到球场，独自一个人练习罚犯规球的投篮瞄准。“功夫不负有心人”，他终于成为球队里投篮得分最多的人。

（8）一定坚持到底。古话说“有志者事竟成”，这其中就含有与困难作斗争并且将其克服的意思。有学者在对戒烟后又重新吸烟的人进行研究后发现，许多人原先并没有认真考虑如何去对付香烟的诱惑。所以尽管鼓起力量去戒烟，但是不能坚持到底。当别人递上一支烟时，便又接过去吸了起来。

如果你决心戒酒，那么不论在任何场合里都不要去碰酒杯。倘若你要坚持慢跑，即使早晨醒来时天下着暴雨，也要在室内照常锻炼。

（9）实事求是。如果规定自己在较短时间内完成较巨大的任务等诸如一些无法实现的目标，即便有最坚强的意志也无济于事。而且，失败的后果最终将使自己再试一次的愿望都化为乌有。

所以，在许多情况下，将单一的大目标分解成许多小目标不失为一种好办法。比如打算戒酒的人可以在自己的房间里贴一条标语：“每天不喝酒”。由于把戒酒的总目标分解成了一天天具体的行动，因此第二天又可以再次明确自己的决心。到了一周末，回顾自己 7 天来的一系列“胜利”时信心百倍，最终会与酒“拜拜”的。

（10）需要逐步培养。一夜间突然产生不了坚强的意志，它需要在逐渐积累的过程中一步步地形成，而且中间还会不可避免地遇到挫折和失败，必须找出使自己斗志涣散的原因，并有针对性地解决。

有人在第一次戒烟时，下了很大的决心，但以失败告终。在分析原因时，意识到需要做点什么事来代替拿烟。后来她买来了针和毛线，想吸烟时便编织毛衣。几个月之后，她就彻底戒掉了烟，并且还编织出了美丽的毛线衣，真可谓“一举两得”。

（11）乘胜前进。实践证明，每一次成功都可使意志力进一步增强。如果你用顽强的意志克服了一种不良习惯，那么就能获取与另一次挑战决斗并且获胜的信心。

每一次成功都能使自信心增加一分，给你在攀登悬崖的艰苦征途上提供一个坚实的“立足点”。或许面对的新任务更加艰难，但既然以前能成功，这一次以及今后也一定会胜利。

心理训练

心理训练（一）个性名片

一、活动目的

（1）把自己最想与他人交流的信息简洁明了地公布出来，学会推荐自己。

（2）通过“个性名片”的交流，让学生了解他人，尽快地彼此熟悉。

二、活动时间

20~25分钟。

三、活动道具

（1）胸卡及挂绳20套。

（2）彩笔2盒。

四、活动说明

（1）教师发给每位学生一个空白的胸卡，彩色笔放场地中央公用。

（2）在5分钟时间内，每位学生为自己设计一张“个性名片”，插入胸卡内。

（3）“个性名片”要求：

1）不少于5条个人信息。

2）除文字外可用图形等多种形式表示。

3）可以使用多种颜色的笔。

（4）小组交流，集体分享。

五、注意事项

（1）5 条个人信息可以是具体的，也可以是抽象、含蓄的，但要求是个性化的。

（2）教师发现典型案例要进行交流并重点提问，深入挖掘个性特质，帮助学生进一步了解自己。

心灵感悟

写出自己参加此心理训练项目的感悟。

心理训练（二）优点大轰炸

一、活动目的

认识他人眼中的“我”，正确对待自己的优点。

二、活动时间

20~25 分钟。

三、活动道具

2 把椅子、笔、A4 纸。

四、活动说明

（1）教师将学生以6~8人分为一组，组成小组圈。

（2）小组圈中央放置一把椅子，请同学轮流坐在上面，其他人依次坐在其对面，作为评价者说出其一个优点。

（3）评价者要直截了当地说，被评价者只能听，可以记录。

（4）结束后可作适当解释。

五、注意事项

（1）评价者所说优点要实事求是，要具体。

（2）教师发现典型案例要进行交流并重点提问，深入挖掘个性特质，帮助学生进一步了解自己。

心灵感悟

写出自己参加此心理训练项目的感悟。

心理训练（三）寻人行动

一、活动目的

（1）通过“寻人游戏”让学生学习主动交往。

（2）学生在交往中介绍自己、了解他人，发现共同的兴趣爱好。

二、活动时间

大约需要 25 分钟。

三、活动道具

“寻人信息卡”、笔。

四、活动说明

（1）“寻人行动”要求学生根据“寻人信息卡”上的信息，在 10 分钟内找到具有该特征的人，并在简单交流后签名。

（2）大家交流“寻人信息卡”，看看谁的签名最多。教师邀请有代表性的学生进行全班交流，如签名最多的和某一特征签名最少的。

（3）交流完毕后，教师在全班梳理信息，请具有同一特征的人站立一排相互介绍与交流。

五、注意事项

（1）本游戏可以在陌生群体中进行，通过游戏学会主动交往与沟通。也可以在同班学生中进行，通过“寻人”活动，增强同学之间的进一步了解。

（2）在一个栏目中可以签不止一个人的名字，看看谁签的名字多。教师要求签名人进行确认，防止假、乱信息。

（3）符合同一特征的学生相互交流后，派一名代表做全班分享。

（4）“寻人信息卡”中的信息根据学生的实际特点可以增减。

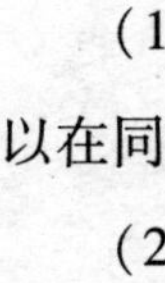

心灵感悟

写出自己参加此心理训练项目的感悟。

心理训练（四）最佳配图

一、活动目的

（1）通过活动，学生学会“不妨听听别人的意见”，在认真听取别人意见的同时完善自己。

（2）学会逐渐明确许多事情的答案是多元的，只是理解的角度不同而已。

二、活动时间

大约需要 20 分钟。

三、活动道具

印发“最佳配图”，每人一张（十幅图，两行，上下两两相对）。

四、活动说明

（1）教师将“最佳配图”资料发给大家，每人一张。

（2）请学生根据自己的理解，在 2 分钟内把 10 个图案作两两配对。

（3）全班交流“最佳配图”，说出各自的理由。

五、注意事项

（1）要求学生之间先不讨论，独立完成“最佳配图”。

（2）在全班交流中，充分听取学生的不同意见，并将所有不同答案用不同颜色的线条汇总在一张图上，点评时一目了然。

心灵感悟

写出自己参加此心理训练项目的感悟。

心理训练（五）我该救谁

一、活动目的

全面认识自己的价值观。

二、活动时间

大约需要 35 分钟。

三、活动道具

幻灯片、A4 纸、笔。

四、活动说明

（1）以 8 人为一组。分组，并确立组长。

（2）教师用幻灯片介绍故事背景及人物：假定有一艘客船触礁即将沉没。此时船上仅有一个能容纳 6 人的救生艇，目前却有 12 名乘客需要救助。由教师一次播放 12 人的人物形象幻灯片（见表 1-1），使学生有一个直观印象。

表 1-1　12 名乘客形象

72 岁的医生	患绝症的小女孩	受伤的船长	道德败坏的人
精通航海的劳改犯	弱智男孩	青年模范工人	独臂的天才少年
贪污的国家干部	企业经理	最近暴发的个体户	孕妇

（3）教师提问：这时如果让你来决定，你选择哪 6 个人上救生艇呢？你选择的依据是什么？

（4）每个人独立做出选择，选择时间定为 10 分钟。

（5）每个小组用 15 分钟时间讨论决定小组的选择。

（6）选择结束，由组长代表每组汇报讨论的结果，并说明理由。

五、注意事项

（1）教师在播放幻灯片时，不要太快，要给学生充分的时间思考。

（2）学生在观看时要认真，可进行简单记录。

（3）每个人要独立选择，不能与他人讨论，不干扰别人做选择，也不受别人干扰。

心灵感悟

写出自己参加此心理训练项目的感悟。

心理训练（六）沙盘活动

一、活动目的

（1）通过玩沙子、玩具模型，宣泄自己的消极情绪，让个体得到放松，并在面对沙盘这一内心镜像，重构自己的意识或无意识认知。

（2）深入展示个人内心世界，让自己与潜意识对话，了解自己深层次需要，完善自我性格。

二、活动时间

大约需要 60 分钟。

三、活动道具

沙箱、玩具、录像机。

四、活动说明

（1）教师导入：请用架子上的玩具，在沙箱里做个什么，做什么都可以。给学生充分自由表达的机会。

（2）学生随意摆放沙件，不受打扰和约束。

（3）制作完成，学生与教师交流。教师通过支持、解释、整合、疏通、启发、帮助学生澄清制作的沙盘作品所代表的意思、表达的主题，与学生共感理解。

五、注意事项

（1）教师应以欣赏学生沙盘作品的姿态和学生交流。

（2）如用录像机记录，需要征求学生意见。

心灵感悟

写出自己参加此心理训练项目的感悟。

2 管控情绪，战胜自我

在生活中，一个人、一件事、一句话或一件物等都可能激起我们的情绪。人的情绪既有积极的，也有消极的。中职生要认识自己的情绪，学会表达情绪，学会自我激励；要善于控制自己的情绪，战胜自己的不良情绪，做自己情绪的主人。

心理导航

2.1 认识情绪

情绪是个体对外界刺激的主观的有意识的体验和感受，是多种感觉、思想和行为综合产生的心理和生理状态，包括喜、怒、忧、思、悲、恐、惊、爱等，也包括嫉妒、惭愧、羞耻、自豪等一些细腻微妙的情绪。有时，我们无法直接观测人的内在的感受，但能够通过其外显的行为或生理变化进行推断。行为在身体动作上表现得越强就说明其情绪越强，如喜会是手舞足蹈、怒会是咬牙切齿、忧会是茶饭不思、悲会是痛心疾首等等就是情绪在身体动作上的反应。

情绪在制约人，也在成就人，还可能损害人。健康的情绪促进人的发展进步，不健康的情绪会制约或损害人的发展与身心健康。尤其是，部分人因为情绪异常导致行为失控，造成了不可挽回的痛苦。

2.1.1 健康情绪的标志

健康的情绪标志有哪些？现总结如下：

（1）有因可归。任何情绪、情感的产生与发展必须由一定的原因引起。例如，可喜的现象引起欢乐的情绪；不幸的事件引起悲哀的情绪；挫折引起沮丧的情绪；等等。无缘无故的喜、怒、哀、乐，莫名其妙的悲伤、恐惧，则是不健康情绪的主要表现。

（2）恰当的表现。一定的情绪反应总是由一定的刺激引起的，反应和刺激相互吻合。例如因成功而喜悦，因失败而痛苦，该高兴就高兴，该悲哀就悲哀。假如失去亲人还哈哈大笑，或者受到挫折反而高兴，受到尊敬反而愤怒，就是情绪不健康的表现。

（3）适度的反应。情绪表现的持续时间和强烈程度都应适当，不能无休无止地没完没了，也不能过分强烈或过于冷漠。刺激强度越大，情绪反应就越强烈；反之，情绪反应也就越弱。如果微弱的刺激引起强烈的情绪反应，则是情绪不健康的表现。

（4）稳定的情绪。一个人的中枢神经系统活动处于相对的平衡状态，也反映了中枢神经系统活动的协调，表明情绪稳定。一般来说，情绪反应开始时比较强烈，随着时间的推移，反应逐渐减弱。如果反应时强时弱，变化莫测，经常处于不稳定状态，则是情绪不健康的表现。

（5）愉快的心情。心境以愉快为主，积极情绪多于消极情绪。如果一个人经常情绪低落，愁眉苦脸，心情郁闷，则是心理不健康的表现。

（6）能自我控制。能受自我调节和控制的情绪是健康的情绪。情绪健康的人，应是情绪的主人，可把消极的情绪转化为积极的情绪，也可把激情转化为冷静。

2.1.2 情绪调节

当出现不良情绪时，要进行调节。

（1）重新调整认知。改变不合理的信念，正确归因，找到问题的症结所在，是克服不良情绪与培养健康情绪的关键。人的理想抱负水平要适中。抱负是一种心理需要，这种需要决定着人的行为将要达到什么样的目标，并支配人的行为指向目标。要心态积极地多角度分析问题，任何事情没有绝对的完美，也没有绝对的坏，要用积极的心态去寻找事物的闪光点和光明面。

（2）学会交往。当情绪不好时，可以向亲朋好友求助，通过与朋友聊天、娱乐，暂时忘记烦恼，疏解不良情绪反应，获得积极情绪。在与人交往中注意培养健康的情绪，真诚守信，学会倾听，注重移情，学会宽容。

（3）利用积极的心理防御机制。心理防御是人的一种情绪调整技能，它能缓和心理矛盾，减轻或消除不良情绪体验，增加欢乐和愉快。心理防御主要包括宣泄法、注意转移法、生化法和代偿法。

2.2 情绪的表达

情绪表达，简言之，就是人们用来表现情绪的各种方式。

如何表达情绪，对我们管理好自己的情绪来说是一个重大的课题。

2.2.1 情绪表达的两个层面

情绪表达分为心理表达和生理表达两个层面。在心理层面将情绪表达出来，其主要表达途径为认知、体验、表情、言语和行为。在生理表达层面，其主要以生理的形式将情绪表达出来，表达途径主要是心率、血压、呼吸、平滑肌节律、各种内感受器、肌肉紧张、立毛等。两种表达相伴随，相互代偿。

情绪的心理表达具有非常重要的作用，主要表现在主观可以调节、控制，对健康至关重要。心理表达不良时，生理表达代偿，久而久之就会产生各种躯体疾病——癌症、高血压、冠心病、溃疡、哮喘等。学会并习惯于情绪的心理表达是健康的重要保障。

情绪的心理表达具有层次性，它有向自我表达、向他人表达、向环境表达和升华表达等层次。向自我表达是关键和基础，它是指让自我意识到情绪的性质、特点、产生的原因，即将情绪提高到意识层面。情绪的自我表达不良体现在意识不到自己情绪的变化和不了解情绪的起因、性质、特点。自我表达不良会致使不良情绪加重。向他人表达是心理表达常用的形式。它是指将自己的情绪向周围人表达，让他人认识到我们的情绪。表达的对象可以是导致情绪产生的人，也可以是信任的人，如朋友、心理医生等。表达形式主要是语言表达和非语言表达。心理表达情绪还可以向环境表达，它是一种重要的补充形式，主要是指向自我和他人以外的客观环境来表达。表达形式也主要是语言表达和非语言表达。此方式比较适用于不善于与人交往的人。情绪心理表达的最佳形式就是升华表达，即超越所有表达的对象，将情绪的能量指向其他的、更高层次的需要，从而为那些高层次的需要提供能量。其表达形式与其他形式不同，主要有文学艺术，还可以将情绪的能量指向某种理想、信念，如“化悲痛为力量”。

2.2.2 有效表达情绪

情绪表达需要遵守一定的规则。情绪表达存在一个度的问题，受到对象、时间、场合等因素的制约。我们表达情绪时要考虑这些因素。下面列举一些有效表达情绪的方法。

（1）察觉情绪。学会整理复杂的情绪对我们很重要。有心理学者认为有两种常见的情绪组型：“生气-受伤-羞耻”、“悲伤-生气-罪恶”，我们是因为受伤而生气还是因为生气而显得悲伤？只有先察觉自己的各种情绪才能精确传达出自己的感受。

（2）表达感受的时机要选对。情绪是否要表达出来？有的人会认为这是隐私或表达这种情绪会使别人受伤就选择不表达。但一旦决定要表达情绪时需要注意两点：一是处在极端情绪状态时，为避免日后后悔所说出的话，需要暂停情绪表达；二是有些人喜欢在人多时或仗着权势来表达情绪，事实上这并不好，应选择彼此能够专注、没有压力、疲倦下讨论。因此选择讨论感受的时机很重要。

（3）学会调整自己的内在语言。当我们陷入某种情绪时，总会有一种内在的语言表达着我们的情绪。此时，需要我们镇定下来，识别自己的内在语言是什么。只有识别后，才能自我纠正、自我调整，将不合理的内在语言调整为合理的，继而从不良情绪中脱离出来。

（4）用“我讯息”代替“你讯息”表达自己的情绪。例如对方多次以不友善、不尊重的语气和你说话，此刻的你可使用“我讯息”说：“我不喜欢你用这种口气对我说话”来代替对他大吼说：“你给我闭嘴”，前者在传达自己的情绪，后在大声制止对方的行为。

（5）运用理性归因排解情绪。当我们产生不良情绪时，应该静下心来，理性归因。认真思考一下，我此时此刻的情绪、感受是什么原因引起的。有了理性的归因，情绪的表达也就很自然和合理了，也就实现了有效的情绪排解。

此外，情绪表达与情绪宣泄不同。情绪表达主要在使别人了解我们正处于某种不愉快的情绪当中，期待别人的支持与体谅。而情绪宣泄则是任性地发泄内心的不快，结果是损人不利己，破坏了和谐的气氛。一个人个性愈成熟时，愈会稳定他的情绪，不随便发作心中的不快乐，能仔细考虑如何表达自己的情绪才适当。此外，我们也要学会尊重别人的情绪表达，有时我们会觉得别人不应该如此生气、如此伤心、如此失望，因此不等对方完整地表达出情绪感受时就否定对方的情绪。这种压抑别人情绪表达的行为是不对的，因为压抑了的情绪会积压起来，等爆发时会一发不可收拾。

2.3 自我激励

我们把个体具有不需要外界奖励和惩罚作为激励手段，能为设定的目标自我努力工作的心理特征称为自我激励。强烈的自我激励可以说是成功的先决条件。人的一切行为都是受激励产生的，通过不断的自我激励，产生一股内在的动力，朝所期望的目标前进，最终到达成功的顶峰。可见，自我激励可以说是一个人迈向成功的引擎。

自我激励的方法有很多种，下面提供一些常用的方法。

（1）远离舒适区。舒适区不是安乐窝，只是避风港。它只是人心中准备迎接下次挑战之前刻意放松自己和恢复元气的地方。为此，我们需要不断寻求挑战激励自己，提防自己滑向舒适区。

（2）好情绪要把握。我们要找出自身的情绪高涨期以不断激励自己。因为人在开心的时候，体内就会发生奇妙的变化，从而获得阵阵新的动力和力量。不要总想在自身之外寻找开心。令我们开心的事不在别处，就在自己身上。

（3）目标可调高。如果我们的主要目标太小，而且太模糊不清，就会使自己失去动力，达不到自己孜孜以求的目标，并且如果你的主要目标不能激发你的想象力，目标的实现就会遥遥无期。因此，确立一个既宏伟又具体的远大目标才能真正激励你奋发向上。

（4）紧迫感要加紧。我们大多数人对易逝去的生命视而不见，假装自己的生命会绵延无绝，自以为长命百岁。某一刻心血来潮，想起了筹划大事业，往往将我们的目标和梦想寄托在“虚幻岛”的汪洋大海之中。其实，直面死亡未必要等到生命耗尽时的临终一刻。事实上，如果能逼真地想象我们的弥留之际，会物极必反产生一种再生的感觉，这是塑造自我的第一步。

（5）撇开不支持你目标的“朋友”。你所交往的人会改变你的生活。对于那些不支持你目标的“朋友”，要敬而远之。与愤世嫉俗的人为伍，他们就会拉你沉沦。结交希望你快乐和成功的人，是你在追求快乐和成功的路上迈出的最重要的一步。因此同乐观的人为伴能让我们看到更多的人生希望。

（6）勇于迎接恐惧。战胜恐惧后迎来的是某种安全有益的东西，这是世上最秘而不宣的秘密。即使克服的仅仅是小小的恐惧，也会增强自己创造生活能力的信心。一味想避开恐惧，恐惧反而会穷追不舍。此时，勇敢的表现莫过于假装它们不存在。

（7）做好调整计划。目标的实现没有坦途可以走。它总是曲折波澜，有起也有落。但我们仍可以安排自己的休整点。事先做好时间表，多看看，找出你放松、调整、恢复元气的时间。即使是在你感觉不错的时候，也要做好调整计划。比如在自己的事业波峰时，就可以给自己安排休整点。可以暂时离开自己爱的工作，安排出一大段时间让自己隐退一下。这样可以使你在重新投入工作时更富激情。

（8）直面困难。困难对于脑力劳动者来说，不过是一场场艰辛的比赛。真正的运动者总是盼望比赛。如果把困难看作是对自己的诅咒，就很难在生活中找到动力。如果学会了把握困难带来的机遇，你自然会动力陡生。

（9）良好的感觉。首先我们要有良好的感觉，让它使自己在塑造自我的整个旅途中充满快乐，而不要再等到成功的最后一刻才去感受属于自己的欢乐。大多数人在达到某个目标时会感到身心舒畅。但问题是人可能永远达不到目标。把快乐建立在还不曾拥有的事情上，其实就是剥夺了自己创造快乐的权力。快乐是天赋权利。

（10）加强排练。不妨先“排演”一场比你要面对的还要复杂的战斗。因为手上有棘手活而又犹豫不决时，我们不妨挑件更难的事先做。生活挑战你的事情，你定可以用来挑战自己。这样，你就可以自己开辟一条成功之路。成功的真谛是：你对自己越苛刻，生活对你越宽容；你对自己越宽容，生活对你越苛刻。

（11）立足现在。锻炼自己即刻行动的能力。充分利用对现时的认知力。不要沉浸在过去，也不要耽溺于未来，要着眼于今天。当然要有梦想、筹划和制订创造目标的时间。不过，这一切就绪后，一定要学会脚踏实地、注重眼前的行动。要把整个生命凝聚在此时此刻。

（12）敢于竞争。竞争给予我们宝贵的经验，无论你多么出色，总会人外有人，所以需要学会谦虚。努力胜过别人，能使自己更深地认识自己；努力胜过别人，便在生活中加入了竞争“游戏”。不管在哪里，都要敢于参与竞争，而且总要满怀快乐的心情。要明白最终超越别人远没有超越自己更重要。

（13）善于内省。我们大多数人都可能通过别人对自己的印象和看法来认可自己。但是，把自己的个人形象建立在别人身上，完全相信别人的一面之词，就会面临严重束缚自己的危险。因此，这些溢美之词也只能是自己生活中的点缀。不要从别人身上找寻自己，应该经常自省并塑造自我，人生的棋局该由自己来摆。

（14）走向危机。我们往往会无视危机能激发我们竭尽全力的这种现象，会盲目地追求舒适的生活，努力设计各种越来越轻松的生活方式，使自己生活得风平浪静。当然，我们并不是要坐等危机或悲剧的到来，从内心挑战自我是一个人生命力量的源泉。圣女贞德曾说过：“所有战斗的胜负首先在自我的心里见分晓。”

心理训练

心理训练（一）于无声处

一、活动目的

（1）让学生体验心静的感觉，学会集中注意力，懂得聆听。

（2）用心感受通过眼神和身体接触（如手、背）彼此间传递和交流信息。

二、活动时间

大约需要20分钟。

三、活动道具

《天籁之声》音乐光盘。

四、活动说明

（1）将学生分成两组，围成两个同心圆，里圈和外圈的人面对面坐好。轻轻地闭上眼睛，做5个深呼吸，慢慢地放松，静静地感受来自周围的声音……2分钟后睁开眼睛，交流听到的声音。

（2）让里圈和外圈的人面对面坐好，轻轻地闭上眼睛，做3个深呼吸，聆听《天籁之声》，慢慢地睁开眼睛注视对方，默默地去体会对方此时此刻的心情和想要表达的心境……

（3）让里圈和外圈的人面对面坐好，轻轻地闭上眼睛，做3个深呼吸，聆听《天籁之声》，慢慢地伸出双手与对方的手轻轻地贴在一起，感受对方要传达的信息……

（4）让里圈和外圈的人背对背坐好，轻轻地闭上眼睛，做3个深呼吸，聆听《天籁之声》，慢慢地背靠背，体会对方通过背脊要传达的信息……

（5）全班交流，分享感受。

五、注意事项

（1）本活动需要有非常安静、没有干扰的环境，在温度、湿度十分舒适的情况下，才能让人进入用心聆听、用心说话、用心体验的境界。

（2）本活动的感觉是细微和敏感的，所以对中学生来说，以同性学生一组为宜。

（3）音乐的选择非常关键，以聆听大自然的声音为宜，如流水声、雨声、涛声、虫鸟鸣叫声。

心灵感悟

写出自己参加此心理训练项目的感悟。

心理训练（二）体验放松

一、活动目的

（1）让学生学会释放紧张的情绪，懂得松弛之道。

（2）让学生集体体验放松的感觉，掌握自我放松的要领和技巧。

二、活动时间

大约 30 分钟。

三、活动道具

《体验放松》音乐光盘。

四、活动说明

（1）热身“过电”游戏。全体同学以圈形站立，伸出左手并手心向下，伸出右手食指向上与相邻同学的左手手心接触。主持人随机喊一些数字，当喊尾数是 7 的数字（如 27、37、47、…、107、…）时，学生要设法左手抓，右手逃，以体验心理紧张的感觉，可反复几次。

（2）让学生先体验肢体紧张的感觉。体验的顺序依次为手臂部、头部、躯干部、腿部。

1）手臂部的紧张。伸出右手，握紧拳，紧张右前臂；伸出左手，握紧拳，紧张左前臂；双臂伸直，两手同时握紧拳，紧张手和臂部。

2）头部的紧张。皱起前额肌肉，像老人那样皱起眉头；皱起鼻子和脸颊（可咬紧牙关，使嘴角尽量向两边咧，鼓起两腮，仿佛在极痛苦状态下使劲一样）。

3）躯干部位的紧张。耸起双肩，紧张肩部肌肉；挺起胸部，紧张胸部肌肉；拱起背部，紧张背部肌肉；屏住呼吸，紧张腹部肌肉。

4）腿部的紧张。伸出右腿，右腿向前用力像在蹬一堵墙，紧张右腿；伸出左腿，左腿向前用力像在蹬一堵墙，紧张左腿。

（3）让学生进行想象放松。播放轻柔的音乐，让学生根据教师的指导语进行想象放松：

我仰卧在水清沙白的海滩上，沙子细而柔软。我躺在温暖的沙滩上，感到舒服，能感受阳光的温暖，耳边听到海浪声音，感到温暖而舒适。微风吹来，我有说不出的舒畅感觉。微风带走我的思绪，只剩下一片金黄阳光。海浪不停地拍打海岸，思绪随着节奏飘荡，涌上来又退下去。温暖的海风吹来，又离去，带走了心中的思绪。我感到细沙柔软、阳光温暖、海风轻缓，只有蓝色天空和大海笼罩我的心。阳光照着我全身，身体感到暖洋洋的。阳光照着我的头，我感到温暖与沉重。

轻松暖流，流进右肩，感到温暖沉重。呼吸变慢、变深。轻松暖流，流进我右手，感到温暖沉重。呼吸变慢、变深。轻松暖流，又流回我右臂，感到温暖沉重。又流进我后背，感到温暖沉重，从后背转到脖子，脖子感到温暖沉重。我的呼吸变慢、变深。轻松暖流，流左肩，感到温暖沉重。呼吸变慢、变深。轻松暖流，流进了左手，感到温暖沉重。呼吸变慢、变深。轻松暖流，又流回左臂感到温暖沉重。我呼吸变慢，变得轻松。心跳也慢，有力。轻松暖流，流进右腿，感到温暖沉重。呼吸变慢变深。轻松暖流流进右脚，感到温暖沉重。呼吸变慢变深。轻松暖流，又流回右腿，感到温暖沉重。呼吸变慢，越来越深，越来越轻松。轻松暖流流进腹部，感到温暖轻松；流到胃部，感到温暖轻松；最后流到心脏，感到温暖轻松。整个身体变得平静。心里安静极了，已经感觉不到周围的一切，四周好像没有任何东西。我安然躺卧在大自然中，十分自在。（静默几分钟后结束）

（4）学生分享体验感觉。

五、注意事项

（1）放松的环境要保持安静，光线不要太亮，尽量减少其他无关刺激。

（2）学生可以用任意一个放松的姿势，使自己处于放松、不紧张的状态，可以靠在沙发上，可以坐在椅子上，也可以躺在地板上。

（3）放松时，学生闭上眼睛并配合深慢均匀呼吸。

（4）放松训练不是一朝一夕能够奏效的，必须经过数周乃至几个月的练习，方能收到明显的效果。因此，要持之以恒地坚持训练。

心灵感悟

写出自己参加此心理训练项目的感悟。

心理训练（三）齐眉棍

一、活动目的

（1）提高团体成员在压力情境下相互配合、相互协作的能力，学会情绪控制能力。

(2) 让团体成员体会到，统一的指挥加上所有队员共同努力对于团队成功起着至关重要的作用。

二、活动时间

20分钟左右。

三、活动道具

钢制套结金属管。

四、活动说明

全体分为两队，相向站立，每人食指抬起轻棍与眉平行，计时开始后共同用手指把轻棍放到地上，率先完成任务的队伍获胜。要求每位队员在下移过程中手指均不可离开轻棍，手指离开轻棍者即失败，需从新开始，累积计时。

五、注意事项

这是一个考察团队是否同心协力的体验，在所有队员手指上的同心杆将按照教师的要求，完成一个看似简单却容易出现失误的项目，此活动深刻揭示了团队协调配合问题。为增加任务难度，活动过程中教师可发布位置指令，考察团体成员的配合程度，手指离开轻棍者即失败。

心灵感悟

写出自己参加此心理训练项目的感悟。

心理训练（四）鼓舞人生

一、活动目的

（1）压力情境下，情绪控制与相互配合的能力。

（2）培养全体队员取长补短、团结协作完成共同目标的能力。

（3）培养队员不怕挫折、不断进取、争创佳绩的意识。

（4）感受互相鼓励对完成任务的积极作用。

二、活动时间

大约需要30分钟。

三、活动道具

鼓、绑绳、排球。

四、活动说明

（1）队员分为若干个小组（8人一组），小组队员每人牵拉一根鼓上的绳子把鼓拽起。

（2）将一个排球放在鼓面上，在大家通力协作下，使鼓有节奏地把球连续颠起。

（3）颠球数量最多者获胜，限时3分钟。

五、注意事项

（1）必须所有的绳子都有学员牵拉，防止绳子落在地上绊倒团体成员。

（2）要有足够大的平坦场地，检查场地上不要有石头、木棍等硬物。

（3）团体成员应穿运动鞋参加颠球活动。

（4）不要将鼓重摔在地上，可以在练习前告知团体成员，如果摔在地上全体将接受小小的惩罚，比如做 3 个俯卧撑。

（5）在移动的安全问题要不断提醒和关注。

心灵感悟

写出自己参加此心理训练项目的感悟。

心理训练（五）情绪大蛋糕

一、活动目的

正确表达情绪、管理情绪。

二、活动时间

大约需要 30 分钟。

三、活动道具

彩色蜡笔 3 盒、A4 纸。

四、活动说明

（1）教师提问每个人的情绪世界是什么样子的，学生根据情绪来做一个自己的情绪大蛋糕。

（2）把自己这一周的情绪找出来，组成一个“情绪大蛋糕”。用彩笔画在A4纸上。

（3）要求学生分享一下自己的情绪蛋糕，每个人都要按这样的句式表达自己的情绪：我觉得+情绪词汇，因为+原因。

（4）以开火车的方式进行。教师先来，学生逐个表达。

五、注意事项

（1）教师不需过多引导，要让学生自己发现。

（2）学生在分享自己的情绪蛋糕前，教师要重复一下要求。

（3）要保持活动场地的干净整洁。

（4）可以播放一些轻音乐，但在分享时要保持安静，静静聆听。

心灵感悟

写出自己参加此心理训练项目的感悟。

3 青春年华，快乐成长

童年是一场梦；少年是一幅画；青年是一首诗；壮年是一部小说；中年是一篇散文；老年是一套哲学。人生各个阶段都有特殊的意境，构成整个人生多姿多彩的身心历程。

中职生处在如诗如画的青少年时期，有着最纯真、充沛的感情，愿意用真情去浇灌友谊的花蕾，对爱情充满好奇和向往。但是，他们生理上的急剧变化冲击着心理的发展，身心发展不平衡，非常需要一座明亮的灯塔，为其指明青春之路的正确航道，让青春之船向着美好的未来扬帆远航。

心理导航

3.1 认知爱情

爱情是人类具有的丰富的感情之一，爱情的独特魅力令人向往。爱情，是人与人之间的强烈的依恋、亲近、向往以及无私专一并且无所不尽的情感，使人向往未来的生活。爱情问题一直是青少年最为敏感、最为关注的问题之一。

3.1.1 爱情的含义

爱情既是人类最复杂、最微妙的一种情感，又是一个古老而常新的课题。

爱情是指一对男女，基于一定的客观条件和共同的人生理想，在各自内心形成的对对方的最真挚的仰慕，并渴望对方成为自己终身伴侣的最强烈、最稳定、最专一的情感。

爱情既不是纯本能的情欲，又不是柏拉图式的纯精神恋爱，而是生物因素、精神因素和社会因素三者的统一。所谓生物因素是指爱情产生于男女两性之间，异性相吸的生物本能使男女双方产生情欲，并有互相结合的强烈愿望。所谓精神因素是指爱情是一种美好的情感和高尚的情操，健康的爱情会愉悦身心，使人产生美好的精神体验。所谓社会因素是指爱情是一种社会现象，人的恋爱观不是超历史的，而是受当时的社会经济制度、婚姻制度和伦理道德观念的影响，恋爱观打上了时代的烙印。另外，爱情还意味着责任。爱情往往通向婚姻，结婚成家后需要承担生儿育女、扶养老人等家庭及社会责任。

3.1.2 爱情的特征

（1）相互吸引。甜蜜的爱情往往是从男女双方的相互吸引开始的，男女双方的独特魅力是产生爱情的基础，这种吸引可以来自仪表、形象的与众不同。“一见钟情”就是男女双方因为魅力相互吸引而产生爱情的典型表现。相互吸引使双方期盼的爱情有了良好的开端，但仅仅依靠这种相互吸引是不能建立稳固而持久的恋爱关系的。

（2）相互依恋。男女双方产生爱情以后，就会产生强烈的依恋心理，双方渴望和对方长相守，甚至一刻也不愿分离。这种情感的依恋基于男女双方生理和心理的需要，每个人都有给予他人爱和从他人那里获得爱的需要，这一点在男女恋人身上表现尤为突出。

（3）相互忠诚。爱情是自私的和排他的，忠贞性是爱情的重要特征。真正的爱情是建立在对自己的恋人忠贞不渝的基础之上的。每一对恋人都应珍惜这份情感，不允许第三者的介入和插足，这是每一个涉足爱河的青年男女特别要坚持和恪守的。

3.2 中职生恋爱的现状心理

3.2.1 中职生恋爱的现状

现在，中职生谈恋爱的现象在校园里并不少见，发展趋势有增无减。

（1）人数上升且呈现低龄化趋势。以前，大学阶段学生谈恋爱的人较多，而现在，这种现象已经进入了高中、中职的校园中，而且谈恋爱的人数越来越多，许多学生刚刚入学就开始了恋爱。

（2）公开化现象严重。以前大部分学生的恋爱都采取比较隐蔽的方式，不敢或者不想让老师和同学知道他们的恋情，不在公开场合以恋人关系露面。而现在的学生一般不会在乎别人的目光、评价和感受，恋人们在大庭广众面前成双成对的现象越来越多。

（3）摆脱实际关注浪漫。许多学生在决定恋爱的时候，并没有思考过实际问题，而是将互相愉悦等精神因素作为谈恋爱的出发点。重在感觉与过程，把恋爱成功与否放在其次，很少考虑家庭的、经济的、物质的东西，很少考虑未来。

（4）独立性较强，不考虑旁人建议。现在的中职生个性鲜明，自主性和独立性较之以往有了很大的发展，在选择恋爱对象时，他们往往以自己的感觉和认识为准则，较少考虑或者几乎不考虑家长和亲友的意见。

3.2.2 中职生恋爱中常见的问题

（1）表达方式不注意公众场合。在现在的中职校园中，很多学生公开地牵手搭背，在食堂里互相喂饭，甚至当众亲吻的场面随处可见。这些恋爱中的学生全然不顾旁人的非议和劝阻，我行我素。爱情的表达方式反映了一个人的人文修养和道德水准，即便同是情感表达，也有高雅和粗俗之分。在情感的表达上，应遵从中华民族深沉含蓄的美德，要注意身份、场合和分寸。

（2）过度沉溺导致荒废学业。一些中职生感情用事，一头扎进爱河里，把谈恋爱放在了高于一切的位置，爱情似乎成为了学生生活中的头等大事。他们缠绵于二人世界，上课不能集中精力听讲，下课没有心思写作业和读书，集体活动不愿参加，把大量时间用在了写情书、与恋人谈心娱乐上。闭塞狭小的生活空间使他们疏远了其他同学，忽视了友谊，失去了许多成长和进步的机会，致使学习成绩下降，考试亮起了红灯。有的人甚至因此而被迫退学，为“爱情”付出了沉重的代价，造成了终身的遗憾。

（3）不计后果酿成大祸。许多恋爱的中职生觉得自己已经长大，谈恋爱是一件再正常不过的事情，所以一旦受到外界的干预就会十分反感。他们只是从自身的角度考虑，并没有从社会性、法律性、道德规范等方面来考虑。许多中职生成绩下滑、打架斗殴、离家出走，甚至道德败坏、性犯罪、自残自杀，给自己和他人造成了无可挽回的结果。

3.2.3 中职女生的恋爱心理问题

焕发着青春朝气的中职女生正值对爱情充满好奇与憧憬的年龄，如今随着人们的社会观念和生活方式的改变，恋爱问题已经融入到她们的学习、生活、人生态度、理想等各方面。但是，由于中职女生的心理与生理并没有完全成熟，心理波动大，易冲动，加上她们缺乏社会阅历，在人际关系复杂的社会环境中，如果没有正确的引导，很容易走上歧途，甚至诱发犯罪。

（1）恋爱受挫能力差。有些女中职生陷入恋爱之中，会表现出缺乏理智、对恋爱对象过分依赖等问题，不善于控制自己的情感，一旦出现问题就会痛苦万分，情绪失控，无法自拔。如某女生王某因与男友黄某某发生矛盾，认为以后两人不可能生活在一起，遂产生先毒死男友，然后自杀的念头，并付诸行动。

（2）缺乏自我保护意识。中职阶段，女中职生的心理与生理逐渐走向成熟，憧憬着未来的恋爱生活，开始对性充满了好奇和渴望。部分女学生轻率偷尝禁果，结果付出了身心、健康、学业、名誉的惨重代价。

（3）恋爱交友不当，导致犯罪。中职女生幻想中的爱情不掺杂任何杂质，信奉爱情至上，当遇到了所谓的真爱，便会不顾一切，陷入感情的深渊之中，不顾道德与法律的约束。但是，现实生活并没有想象中那么简单，而很多心术不正的骗子恰恰利用女中职生这一弱点，屡骗得手。当现实击碎了梦幻，很多心灵脆弱的女中职生就很容易走向极端，并最终走上了违法犯罪的道路。如某女中职生被爱情骗子抛弃之后，痛不欲生，举起了手中的刀，成了杀人犯。又如，北京某女中职生因爱上黑道“老大”，无法回头而犯了包庇罪。

（4）恋爱动机不正确。很多女中职生因为离开家乡求学，内心感到空虚寂寞，需要找到一个依靠和陪伴；有的是为了能够钓到金龟婿，不需要自己的努力也可以享受富足的生活；有的为了和朋友炫耀、攀比，这也体现了现代女中职生的从众心理等。更有极少数女中职生同时和几位异性朋友在交往、周旋，对待感情极其不负责任、不认真。

（5）择偶标准功利化。社会中一些不良因素影响中职生的世界观、价值观和人生观。例如，损人利己、唯利是图、享乐主义等消极思想影响了中职女生形成正确的恋爱观。为了追求享乐，有些女中职生不惜出卖自己的爱情，不珍惜自己的身体。

3.2.4 造成中职生不良恋爱观的原因

3.2.4.1 家庭教育

恋爱、性、婚姻是个很严肃的问题，家长的意见和态度往往会影响孩子的恋爱观。由于很多家庭是独生子女家庭，父母会在孩子身上倾注所有的爱，不管是富裕的家庭还是拮据的家庭，父母永远将最好的留给孩子，尽量满足孩子在物质上的一切需求。但是，许多家长们忽视了对孩子的心理健康教育，有时也不好意思跟孩子一起讨论恋爱、性心理、婚姻等问题。孩子形成了以自我为中心的性格，凡事都要求是最好的，任性、自私、不懂得宽容与理解；缺乏正确的认识和教育。这一问题延伸到了情感上，他们表现出来的是从小到大养成的“脾气”，在思想上只要求对方付出，只求索取，不懂得奉献。这种情况体现出了当代中职生的恋爱观存在着幻想性、排他性、冲动型、波动性等问题。当他们遇到了这类问题时，不愿意求助于家长，也不愿与家长进行沟通。

3.2.4.2 学校教育

学校教育往往注重知识和技能的教育，对学生恋爱心理、性心理等方面教育缺失。尤其是中学教育，对于学生恋爱问题，往往采取“堵”的方式，对青春期恋情注重批评教育，忽视了学生恋爱心理、性心理、婚姻心理等方面的关注和教育。学生没有正确的指引，往往是模仿各种影视剧模仿或向同伴学习。

3.2.4.3 社会外界的影响

（1）网络因素的影响。随着互联网不断普及，中职生利用网络学习和娱乐的机会增多，网络信息的迅速传播不断导向着学生的思想观念和行为方式。网络中的色情、暴力和消极颓废的内容对学生道德观念产生巨大的冲击和极其恶劣的影响。这些低俗的内容不断侵蚀着性心理和性生理还不成熟且辨别是非能力薄弱的中职学生们，使他们深陷其中无法自拔，更使他们的心里形成了对两性关系、婚姻不正确的价值观念，进而影响整个人生轨迹。

（2）生活学习环境因素的影响。中职学生在初入校园时，憧憬着未来，但是也在潜移默化中受到身边的大环境影响。如果一个学生看到同学、朋友陆续找到了他们的爱情，而自己总是一个人吃饭、自习，目之所及都是成双成对的同学，这时候思想难免产生变化。有甚者会无法承受关于爱情的冷嘲热讽，急于寻找伴侣来改变单身的现状，结果可想而知，最终会受到身体和心灵的双重打击。

（3）追名逐利的社会风气也渗透进入了校园。部分中职生很现实，也很功利，以恋爱为改变命运的机遇，将自己所谓后半生的幸福寄托于爱人身上。这种“拜金主义”的恋爱观已经不是罕见现象。有的中职学生受西方思想影响，认为“性”是“恋爱”的基本保证。有的女孩为了留住即将消逝的爱情，妄图用贞操留住爱人的心。这是不理智的行为，没人会被感动，这种行为只能让自己悔恨，让家人担心。享乐主义也让个别的女同学用所谓的爱情去交换自己需要的物质。这也是错误的恋爱观。

3.2.5 树立正确的爱情观

（1）正确抵制不良诱惑，做有道德青少年。中职学生正处在人生的花季，充满好奇，缺乏自制力，面对现实中的种种不良诱惑，往往不知所措，稍不注意，就容易偏离正常的人生轨道，造成遗憾。所以，我们必须学会正确分析自己所面临的诱惑，学会辨别、抵制一些黄色低级庸俗的书刊、电影、录像的引诱，正确处理理智与躁动、友情与爱情、美与丑、荣誉与耻辱的关系。把握好自己，培养自尊、自爱和尊重他人的优秀品质，特别是尊重女性的高尚品德，把爱扩大到敬爱师长、关爱同学、热爱祖国、热爱科学、热爱事业等范围，以有利于我们顺利度过“暴风骤雨”般的少年期。

（2）打消好奇心理，正面做出引导。中职学生正值青春期的初始阶段，这是一个动荡的心理矛盾激化的时期，并对外界刺激比较敏感，自身体内激素刺激原始态大脑，使对自己以及异性产生难以舍去的兴趣。这是最自然的现象。针对目前我国青少年性发育提早，开展青春期心理教育活动，宜早不宜迟。一般应在中职一年级阶段就举办系列知识讲座。学生通过学习身体各器官的构造和生理功能，了解到这种生理发育是非常正常的规律现象，也就消除了少男少女对性的神秘感和好奇心理。学生只有加强自我教育与自我约束，强化自我意识，提高自我控制能力，才能破除神秘，解放思想。

（3）建立良好的人际关系。在与异性交往的过程中，言语、表情、行为举止、情感流露及所思所想要做到自然、顺畅，既不过分夸张，也不闪烁其词；既不盲目冲动，也不矫揉造作。异性交往的程度和方式要恰到好处，应为大多数人所接受。既不为异性交往过早地萌动情爱，又不因回避或拒绝异性而对交往双方造成心灵伤害。

逐步认识两性关系的严肃性和社会责任感。明白作为一名女孩子，她的爱将意味着将来要做一位好妻子、好母亲；一名男孩子的爱将意味着要做一个好丈夫、好父亲，并担当起家庭和社会应尽的义务和责任。

（4）树立正确的爱情观，平稳度过青春期。中职生恋爱带来的危害并不是说在男女生之间产生感情是一种过错，而是由于处在这一年龄阶段的学生自控能力较差，一旦陷入其中，很容易荒废学业，造成情绪消极，产生过于严重的心理压力，这对于他们的成长是十分不利的。爱情就像一棵树，在成长的过程中，需要浇水、施肥、修剪、除虫，需要经历长时间的生长才能成熟。一个身心成熟的人可以拥有成熟的爱情，但是中职生正处在一个不稳定、波动较大、心理还比较幼稚的阶段，无论是年龄、阅历、知识、成熟性方面，还是人生的精神和物质准备方面，都还不具备爱情所需要投入的资本。

中职生如果将大量的精力和时间花费在恋爱、约会上，会直接导致学习成绩的下滑，影响身心的健康，再严重一些，甚至会做出触犯法律的事情。所以，中职生恋爱控制不好，危害是非常大的，需要社会、学校、家庭、教师、学生共同努力才能促使学生健康平稳地度过躁动的青春期。

3.3 拥抱友情

3.3.1 友情的阐释

友情是指经过长时间积累，产生于无血缘关系的人之间的一种情谊，拥有这种情谊的人一般互称为“朋友”，男性之间也可称为“兄弟”，女性之间也可称为“闺蜜”。友情，拥有无可比拟的魔力，可以让人倾诉心声，释放心中烦恼，重新认识生活，定义人生，追寻梦想。友情的美好，只有拥有真正朋友的人才能体会。它的属性如亲情、爱情，是不可捉摸、无法定义的抽象的东西，但在某种程度上却更加弥足珍贵。

友情是特殊的情感，产生于人与人之间的长久交往，但却和人与人交往中一般的好感又有本质的区别。友情强调的是交互式的情谊，即交往双方共同的感情认知。因此，包括好感在内的任何单方面的情感，不能称为友情。友情的核心是亲密性，因此亲密性是衡量友情程度的重要标准。

罗杰斯（Rogers，1985）从三点定义了亲密性：

（1）能够与朋友分享心中的秘密，做到敞开心扉。

（2）充分信任朋友，确信对方对自己是真诚的。

（3）限于少数知己或者密友之间存在的心有灵犀。

3.3.2 中职生的友谊

成长过程中，朋友在中职生的生活中有着举足轻重的作用，无论是同性还是异性，都是缺一不可的。中职生的友情通常是在学习、生活与日常生活中建立起来的。

大部分中职生在中职学习阶段都需要在学校住宿。远离了原来熟悉的环境，离开了父母亲朋无微不至的关照，独自在外求学的中职生对有同辈朋友的友谊的需求更加迫切。在中职学校，有以下几种情况能让学生们成为朋友，一种是在同一个系部，高年级的学生会对新生给予生活上的关照，比如哪趟车回家比较便利，哪个食堂的饭菜物美价廉，等等，另一种是来自同一地区的中职生，由于生活习惯、方言习惯、饮食习惯，比较容易让他们迅速抱团。还有一种是由于共同的兴趣爱好，比如，来自不同系部的中职生加入到某一个社团组织，在活动中有很多共同语言，也能成为朋友。当然，在同一个班级里，因为朝夕相处，互相帮助，彼此了解，彼此欣赏，结交到朋友的概率也是非常大的。有了朋友，高兴时一起分享喜悦，痛苦时，一起分担忧伤，朋友间出出主意，调整心态，坚强地面对生活的挑战，对中职学生来说是有很大益处的。

因为身心发展的不成熟，性格的有待完善，有些中职生在结交朋友方面是存在误区的。

（1）靠花钱建立的“友谊”。某中职学校有个男生，平时性格内向，不善言谈，入学一段时间后，没有结交什么朋友。他看到某些人平时会招朋引伴，一起出去吃吃喝喝，他就将父母辛苦攒下来给他的生活费作为结交朋友的筹码，请一些表面上看起来很有朋友缘的学生出去吃饭、喝酒，结果有一次这些人中有人酒后闹事，家中父母才知道孩子原来拿生活费出去请客吃饭了，孩子的行为把父母的心伤透了。父母本希望孩子在学校中能好好学习，学到一技之长，将来能有生存的能力，可没想到孩子的生活重点却是请客吃饭。这请客吃饭交到的朋友非但没有对他起到有益的作用，还增加了他父母的经济负担，得不偿失。

（2）靠“哥们义气”建立的“友谊”。有的中职学生错误地认为，友谊就是要讲“义气”。当听说某个朋友被人欺负时，就带着一帮人找对方打架，结果伤人伤已，严重违反校规校纪，被学校开除，更有甚者，因为在帮朋友“出气”打群架时，冲在最前面，将对方打成重伤，被公安机关立案侦查，学业中断，留下案底，辜负了人生的大好时光。

3.3.3 择友因素分析

影响青少年择友的因素很多，但影响不一样。

从表 3-1 和表 3-2 可以看出，拥有不同友情观的青少年不约而同地选择了“相互尊重、理解和信任”、“情绪与情感”、“为人处世的行为特点”、“帮助与支持”以及“性格”作为自己的择友的最重要的五大因素。其中“相互尊重、理解和信任”被认为是最具决定性的重要因素；拥有迥异友情观的青少年在朋友数量上的认知存在明显的差别，有“功利友情观”的青少年的朋友数量明显比拥有其他友情观的青少年少；拥有迥异友情观的青少年的友情的质量也存在显著的不同，表现在对朋友的支持、化解朋友冲突、朋友间亲密度三个方面。总体上分析，青少年择友影响因素中年龄和性别有显著主效。除此之外，“帮助与支持”、“学习”、“时空相似性”的择友影响因素也在年龄和性别上有交互的作用。

表 3-1 青少年学生的友谊观

人数比例名次（由高到低）	当代青少年友谊观	人数比例名次（由高到低）	当代青少年友谊观
1	互相信任与忠诚观	5	情感分享观
2	彼此理解尊重与欣赏观	6	性格与志趣相似观
3	相互关心与帮助观	7	功利观
4	重情轻利观		

表 3-2 青少年学生友伴选择影响因素

重要性名次（从高到低）	青少年朋友选择影响因素	重要性名次（从高到低）	青少年朋友选择影响因素
1	相互尊重、理解和信任	6	认知特点
2	为人处世方面行为特点	7	态度和观念
3	情绪与情感	8	娱乐兴趣与爱好
4	帮助与支持	9	学习
5	性格		

3.3.3.1 同性友情观

无论是谁，在自己的班级中都会拥有一个或多个同性的知心朋友。同性朋友是每个人都不能缺少的，但同性朋友的友情表现和侧重点却有着性别的差异。男生的友情表现更加偏重兴趣爱好的一致，女生的友情表现倾向于情感和心理的依恋。女生相较于男生在情感上更加细腻，所以亲和度的需求要更多一些。如果我们仔细观察，不难发现女生结伴而行的情况比男生要多。当友情变质的时候，女生的表现要更强烈，更容易陷入悲伤。综上所述，女生比男生更容易将情绪、情感因素融入友情观。

3.3.3.2 异性友情观

对处于懵懂期的中职生，异性友情充满了吸引力，可也容易因为把握不好“度”而出问题。大部分中职生对异性友情的需求十分强烈，而异性友情对于中职生自尊心的影响也是深远的。向同性表达做朋友的意愿时，如若被拒绝，也许只会感到尴尬。但是同样的情况，若发生在向异性表达友情时，往往会觉得羞愧甚至产生自卑感觉。由于中职生对异性的渴求和对爱情的渴望，异性友情常与爱情界线不明。中职生由于还不成熟，分不清自己的情感到底是友情还是爱情。因此，异性友情比同性友情更加容易使人深陷烦恼。

3.3.4 树立正确的友情观

（1）以诚待人。“真诚”是人际交往根源，真诚的友情关系更加牢固和长久，也会使自己感受到来自朋友的关怀，能让自己更好地和人相处，减少很多不必要的争端和烦恼。

（2）平等待人。在人际交往中，最忌讳的是盛气凌人，在友人面前不可一世。友情是人与人之间互相倾注努力而得来的，双方的人格是平等的。只有平等待人，才能赢得尊重，才能体会真正的友情。

（3）学会尊重。虽然每个中职生都有自己独特的人生阅历，有独立的思想和思维方式，但是相同的是，在交往中都希望得到别人的尊重。中职生之间尤其需要彼此的尊重，这种尊重表现在尊重朋友的人格和言行，侮辱友人的话不说，损害友情的事不做。

（4）宽以待人，虚心听取意见。朋友之间难免会因为意见的不同而产生争执和矛盾。这时候，就要理解宽容对方。对朋友的过失，应本着谅解的态度，更要耐心帮助，不能斤斤计较；对不同的意见，虚心听取并真诚交换意见。要学会站在他人的立场考虑问题，宽以待人。

（5）言而有信。一言九鼎是一种交往过程中的基本素质。说话要掷地有声，更要言而有信，这样才能在友人中赢得口碑，更能赢得更加真挚的友情。否则，会众叛亲离，被人所孤立和耻笑。

（6）乐于助人。作为朋友，重要的是雪中送炭而非锦上添花。当朋友陷入困境的时候，我们应该伸出援助之手，竭尽全力去帮助朋友。要理智客观地帮助朋友分析问题，找到解决问题的办法，对中职生来说，切忌一时冲动，以免酿成无可挽回的大错。

中职生要用自己的智慧，树立正确的爱情观，顺利渡过青春时光；多结交良师益友，敞开心扉、拥抱友情，用心、用真诚、用善良去浇灌友谊之树，快乐成长。

心理训练（一）圈之魅力

一、活动目的

此游戏旨在检视一个团队中人员彼此沟通状况，同时在活动中探究如何把握好友情和爱情的关系，培养落落大方的畅通沟通能力，以推动今后的相互协作。

二、活动时间

大约需要 20 分钟。

三、活动道具

套接式呼啦圈。

四、活动说明

（1）现场所有同学分为两组，手拉手围成两个大圈，主持人站在圈外指挥。

（2）每个圈内放入一个呼啦圈，由主持人宣布开始计时，看两个小组顺时针传递速度的快慢，一般记为三圈一轮且中途不允许把手放开。

（3）时间用得较少的一组即为胜者，落后的可以适当给予惩罚。

五、注意事项

（1）活动过程中鼓励队员相互探讨如何提高传递的效率。

（2）引导团体成员在传递过程中考虑他人的状况。

心灵感悟

写出自己参加此心理训练项目的感悟。

心理训练（二）联合舰队

一、活动目的

在这个活动中，所有成员必须团结成一个整体，成员之间既是同学关系，更是战友关系，像兄弟一样去努力拼搏、战胜困难、迎接挑战、迎来胜利。

年轻的朋友们要主动去结交更多的有益良友，群体的力量远远大于一个人和两个人的力量。

二、活动时间

大约需要 40 分钟。

三、活动道具

眼罩若干、高弹尼龙布条若干。

四、活动说明

（1）先让全队选一个人，其他队员用捆脚绳把他捆好，这个人“全身瘫痪”，但眼睛和嘴的功能是正常的；如果这个人的捆脚绳途中松开，必须原地捆好后才能继续出发。

（2）其他队员戴上眼罩，身份是盲人，盲人不得偷看。

（3）布置项目（名称、目标、规则）。

（4）项目开始，发放第一个路线。

（5）到达后再发放第二个路线。

（6）项目结束，回顾分享。

五、注意事项

（1）注意个人安全。

（2）路线要及时发放。

（3）教师在队伍旁边监控安全。

（4）在这个过程中严格遵守角色的分配。

（5）合理设定路径，既要安全又要有难度。

心灵感悟

写出自己参加此心理训练项目的感悟。

心理训练（三）穿越电网

一、活动目的

通过这个活动，全班同学学会正确对待友情与爱情。大家集结成一股力量，才能共同完成本次任务。

二、活动时间

大约需要 40 分钟。

三、活动道具

模拟电网一套。

四、活动说明

（1）分组。

（2）布置任务。我们是一支军事行动小分队，现在正在执行任务过程中，我们的任务是在规定时间内秘密潜入宅院，实施攻击计划。为了避免打草惊蛇，并根据侦查结果，小分队需从一段相对隐蔽的电网处穿过，方可顺利实施攻击计划。模拟当时情况，要求所有人顺利通过电网，最终完成任务。

（3）在穿越电网时，队员身体的任何部位都不能碰触电网，否则退回原位，并关闭这个通道。

（4）在规定时间内完成。

五、注意事项

（1）注意个人安全。

（2）队员在穿越电网时，教师要严格把控，若队员身体任一部位碰触电网，教师要及时提醒队员退回原位并对关闭的通道做好记号。

（3）若队员们长时间讨论执行计划，但没有行动，教师可以巧妙提示。

（4）若队员们因为反复尝试失败，教师要及时鼓励。

（5）教师点评要点：在这个训练活动中，任何一位队员都不能独自穿越电网，都必须依靠大家的力量，相互配合，才能顺利地完成任务。这种大家齐心协力，为完成共同的目标相互帮助而产生的力量就是群体的力量，在群体中，每一个人都是兄弟姐妹，友谊之花灌溉了每一个队员的心灵。在校园生活中，同学们要珍惜这种同学情、兄弟姐妹情，要在群体中扩大交友范围，多结交良师益友，现在以及今后的人生中，同学们都会遇到很多的任务，凭借一个人或者两个人的力量是很难完成的，必须依靠集体的力量才能完成。所以，我们要正确对待友谊，要用心、真诚去浇灌友谊之花，让友谊之花盛开在我们的生活中。

心灵感悟

写出自己参加此心理训练项目的感悟。

心理训练（四）心心相印

一、活动目的

理解友情与爱情的区别，旨在提高队员间的相互默契度。

二、活动时间

大约30分钟。

三、活动道具

排球。

四、活动说明

每组两人，背夹一球，步调一致向前走，绕过转折点回到起点，下一组开始前进。向前走时双手不能碰球，否则一次罚两秒，球掉后从起点重新开始活动，最先完成者胜出。按时间记名次。

五、注意事项

活动时注意团体成员安全。

心灵感悟

写出自己参加此心理训练项目的感悟。

____

____

____

____

____

____

心理训练（五）解开手链

一、活动目的

（1）让学生体验团队合作的力量与快乐，正确处理异性关系。

（2）在游戏中学生感受个人与集体的关系，体验个人对团队的信任与责任。

二、活动时间

大约需要 20 分钟。

三、活动道具

《解开手链》音乐光盘。

四、活动说明

（1）将全班学生分成若干个小组，每组 10~12 人，让每组成员手拉手围站成一个圆圈，记住自己左右手各相握的人。

（2）在节奏感较强的背景音乐声中，大家放开手，随意走动，音乐一停，脚步即停。找到原来左右手相握的人分别握住。

（3）小组中所有参与者的手都彼此相握，形成一个错综复杂的“手链”。节奏舒缓的背景音乐中，教师要求大家在手不松开的情况下，无论用什么方法，将交错的“手链”解成一个大圆圈。

（4）第二轮将两个小组的成员合并，形成一个大圈，按第一轮的操作重复进行一次。

（5）第三轮将第二轮中两个圈的成员合并成一个特大的圈，也就是全班成员围成一个大大的圆圈。按第一轮的操作重复进行一次。

（6）全班交流，分享感受。

五、注意事项

（1）根据人数要有足够的空间，而且要有清晰的背景音乐烘托气氛，产生静动分明的效果。

（2）强调记住自己左手、右手相握者，不要搞错。

（3）当出现“手链”非常复杂，有人想放弃时，教师要暗示、鼓励，一定可以解开“手链”。解“手链”过程中，可以采用各种方法，如跨、钻、套、转等，就是不能放开手。

心灵感悟

写出自己参加此心理训练项目的感悟。

心理训练（六）脑力激荡辩论会

辩论会主题：青少年是否已具备恋爱的资格？

目的：探讨爱的真谛，引导学生树立正确爱情观。

时间：30 分钟。

要求：（1）提前布置辩论题目，课前做好准备。

（2）提前准备辩论赛发言稿。

写下辩论发言词：

____

____

心灵感悟

写出自己参加此心理训练项目的感悟。

____

____

____

____

____

____

4 学会沟通，和谐人际

人与人之间最宝贵的是真诚、信任和尊重。而这一切的桥梁就是沟通。

有一个小故事。孔子和众弟子周游列国，曾行至某小国，当时遍地饥荒，有银子也买不到任何食物。过不多日，又到了邻国，众人饿得头昏眼花之际，有市集可以买到食物。弟子颜回让众人休息，自告奋勇地忍饥做饭。当大锅饭将熟之际，饭香飘出，这时饿了多日的孔子，虽贵为圣人，也受不了饭香的诱惑，缓步走向厨房，想先弄碗饭来充饥。不料孔子走到厨房门口时，只见颜回掀起锅的盖子，看了一会，便伸手抓起一团饭来，匆匆塞入口中。孔子见到此景，又惊又怒，一向最疼爱的弟子，竟做出这等行径。读圣贤书，所学何事？学到的是——偷吃饭？肚子因为生气也就饱了一半，孔子懊恼地回到大堂，沉着脸生闷气。没多久，颜回双手捧着一碗香腾腾的白饭来孝敬恩师。

孔子气犹未消，正色到："天地容你我存活其间，这饭不应先敬我，而要先拜谢天地才是。"颜回说："不，这些饭无法敬天地，我已经吃过了。"这下孔子可逮到了机会，板着脸道："你为何未敬天地及恩师，便自行偷吃饭?"颜回笑了笑："是这样子的，我刚才掀开锅盖，想看饭煮熟了没有，正巧顶上大梁有老鼠窜过，落下一片不知是尘土还是老鼠屎的东西，正掉在锅里，我怕坏了整锅饭，赶忙一把抓起，又舍不得那团饭粒，就顺手塞进嘴里……"

至此孔子方大悟，原来不只心想之境未必正确，有时竟连亲眼所见之事，都有可能造成误解。于是欣然接过颜回的大碗，开始吃饭。

这个小故事充分显示了沟通的重要性。沟通，是建立人际关系的桥梁。沟通可以减少猜忌，增强一个团队的凝聚力。沟通可以增进彼此间的了解，改善人际关系。沟通可以使人洞悉真相，排除误解。沟通可以减少摩擦争执与意见分歧。

可以说，没有沟通就没有人际的互动关系，人与人之间就会处在僵硬、隔阂、冷漠的状态，会出现误解、扭曲的局面，给学习、工作和生活带来极大的害处。信息时代的到来，学习、工作、生活节奏都越来越快，人们对于电子产品的依赖和沉溺，更需要人与人之间加强思想交流。中职生将来步入社会，而现在社会分工越来越细，信息层出不穷，现代行业之间迫切需要互通信息，这一切都离不开沟通。

对个人而言，良好的沟通可以使我们很坦诚地生活，很有人情味地分享，以人为本位，在人际互动中充分享受自由、和谐、平等。不难想象，在一个班级、一个家庭、一个单位中，人与人之间如果没有沟通，那是多么闭塞、无聊、枯燥、乏味，事情难以处理，学习难以继续，工作难以展开。

英国文豪萧伯纳说过："假如你有一个苹果，我也有一个苹果，而我们彼此交换这个苹果，那么，你我仍然是各有一个苹果；但是如果你有一种思想，我也有一种思想，而我们彼此交换这些思想，那么，我们每个人都将有两种思想。"这正说明了沟通的重要性和作用。

职业沟通能力是公认的核心职业能力之一。对于中职生，要实现"好就业、就好业、稳定就业"的目标，除了具备相应的专业知识、职业技能之外，还要懂得沟通，掌握沟通的技能，运用沟通的技巧处理好人际关系，把自己有效地推销出去。沟通是一种能力，也是一种艺术。良好的沟通能力不是天生的，而是后天训练的。

4.1 沟通的定义

沟通指信息的传递和交流的过程，包括人际沟通和大众沟通。

人际沟通是个体与个体之间的信息以及情感、需要、态度等心理因素的传递与交流的过程，是一种直接的沟通形式。大众沟通也称传媒沟通，是一种通过媒体（如影视、报刊、网络）中介的大众之间的信息交流过程。

一般说来，沟通能力指沟通者所具备的能胜任沟通工作的优良主观条件。

简言之，人际沟通的能力是指一个人与他人有效地进行沟通信息的能力，包括外在技巧和内在动因。其中，恰如其分和沟通效益是人们判断沟通能力的基本尺度。恰如其分，是指沟通行为符合沟通情境和彼此相互关系的标准的或期望；沟通效益，是指沟通活动在功能上达到了预期的目标，或者满足了沟通者的需要。

4.2 沟通的分类

按照组织系统，人际沟通可分为正式沟通与非正式沟通。正式沟通是指按照组织明文规定的原则、方式进行的信息传递与交流，如文件传达、定期召开的会议、一对一的正式面谈、定期汇报以及组织间的公函来往等。正式沟通的信息通道规范，信息准确。非正式沟通是指正式沟通渠道之外进行的各种沟通活动，通过各种各样的社会交往而产生，其形式多样（如闲聊、私下交谈、吃饭时的交流等）。非正式沟通比较灵活，不用刻意准备，可以及时沟通和解决问题，容易拉近距离。但是，非正式沟通的信息有时不够准确，也容易遭到歪曲（如谣言），不易查证，所以不能过分依赖非正式沟通途径。尤其是在重大事项面前，信息应该以正式沟通为准。

按照沟通形式，人际沟通可以分为现实沟通和虚拟沟通。现实沟通主要是指面对面的、互相清楚对方身份的沟通。虚拟沟通主要是指随着互联网的发展，借助于网络、计算机、手机等工具，互相匿名、互不见面的沟通方式，如网络聊天。虚拟沟通中，双方可能都是陌生人，互相不知道现实角色，依靠自己的想象和对方进行沟通交往。虚拟沟通具有跨时空性、便利性、实时交互性、匿名性等特点，被许多人所青睐。在虚拟沟通中可以随意扮演角色、逃避现实压力，许多人在现实生活中得不到满足，想要发泄，就借助于虚拟的世界。但是，过分依赖虚拟沟通，人们在现实生活中就容易产生沟通障碍、社交能力降低、难以融入社会等现象。所以，青少年应正确对待虚拟沟通，避免形成网瘾和手机依赖症。

按照信息流动方向，人际沟通可以分为上行沟通、下行沟通及平行沟通。上行沟通是下情上达，下行沟通是上情下达，平行沟通是组织的同级间（非上下级关系）的信息交流。

按照基本的语词形式，人际沟通可以分为口头沟通与书面沟通。口头沟通是面对面的口头交流，如会谈、讨论、演说、电话联系等；书面沟通是文字形式的沟通，如布告、通知、报刊、短信等。

同一个信息，用文字表达和用语言表达，会有不同的效果。我们来看看这句话："这不完全是我的错。"如果这是你与朋友微信对话时，对方发出的信息，你认为对方是什么意思呢，不同的信息接收者可能会有不同的想法。如果是语言表达，语调与重音不同就会表达出不同的信息。

这不完全是我的错。（可能有其他的事是我的错。）

这不**完全**是我的错。（只有部分是我的错。）

这不完全是**我的**错。（我没有错，错的是别人。）

这不完全是我的**错**。（虽然我应该分担小心的责任，但是你不能责怪我。）

所以在沟通时，尤其是采用文字沟通时，要注意用词、用语，让对方能正确理解你想表达的意思，否则容易产生误会。

4.3 沟通的方式

沟通根据所借用的媒介的不同，可划分为语言沟通与非语言沟通。语言沟通是指以语词符号为载体实现的沟通，主要包括口头沟通、书面沟通和电子沟通等。非语言沟通是相对于语言沟通而言的，是指通过身体动作、体态、语气语调、空间距离等方式进行的沟通。

在沟通中，不同的表达方式传递的信息是不一致的，如图4-1所示。德鲁克说过："人无法只靠一句话来沟通，总是得靠整个人来沟通。"所以，人在实际的沟通过程中，往往是采取多种沟通方式。

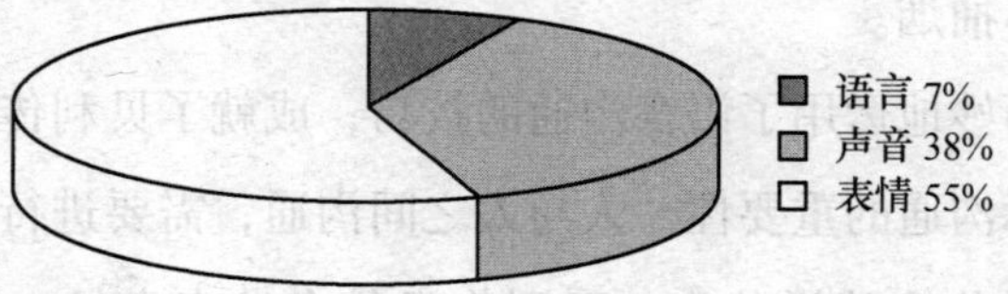

图4-1 各种表达方式所传递的信息量

4.3.1　沟通的语言艺术

球王贝利，人称“黑珍珠”，被认为是人类史上享有盛誉的天才。在很小的时候，他就显示出了足球的天赋，并且取得了巨大的成绩。有一次，小贝利参加了一场激烈的足球比赛。赛后，伙伴们都精疲力竭，有几位小球员点上了香烟，说是能解除疲劳。小贝利见状，也要了一支。他得意地抽着烟，看着淡淡的烟雾从嘴里喷出来，觉得自己很潇洒，很前卫。不巧的是，这一幕全被来看望他的父亲撞见了。晚上，贝利的父亲坐在椅子上问他：“你今天抽烟了？”“抽了。”小贝利红着脸、低下头说，准备接受父亲的训斥。但是，父亲并没有这样做。他从椅子上站起来，在屋子里来回地走了好半天，这才开口说话：“孩子，你踢球有几分天赋，如果你勤学苦练，将来或许会有点儿出息。但是，你应该明白，足球运动的前提是具有良好的身体素质。可今天你抽烟了。或许你会说，我只是第一次，我只抽了一根，以后不再抽了。但你应该明白，有了第一次就会有第二次、第三次……每次你都会想：仅仅一根，不会有什么关系的。但日积月累，你会渐渐上瘾，你的身体就会不如从前，而你最喜欢的足球可能因此渐渐离你远去。”父亲顿了顿，接着说：“作为父亲，我有责任教育你向好的方向努力，也有责任制止你的不良行为。但是，是向好的方向努力，还是向坏的方向滑去，主要还是取决于你自己。”说着，父亲从口袋里掏出一沓钞票，递给贝利，并说道：“如果你不愿做个有出息的运动员，执意要抽烟的话，这些钱就作为你抽烟的费用吧！”小贝利望着父亲远去的背影，仔细回味着父亲那深沉而又恳切的话语，不由得掩面而泣。过了一会儿，他止住了哭泣，拿起钞票，来到父亲的面前：“爸爸，我再也不抽烟了，我一定要做一个有出息的运动员！”从此，贝利训练更加刻苦，后来，他终于成为一代球王，他的成功和他父亲的一番教导是分不开的。至今，贝利仍旧不抽烟。

贝利的父亲巧妙地运用了语言沟通的技巧，成就了贝利传奇的足球人生。可见语言沟通在人际沟通的重要性。人与人之间沟通，需要进行良性的互动。不应该只顾自己，想说什么就说什么。否则你只是在发表意见，根本不是在进行沟通。善于沟通的人，既随时顾及别人的感受，又能表达出自己的意见，形成良好的互动过程。

语言沟通，需要注意的几点：

（1）沟通语言要看准对象，掌握好分寸。语言交际是双向的，既有说的一方，也有听的一方；既有写的一方，也有读的一方。因此，说、写者就不能一厢情愿想说什么就说什么、想写什么就写什么，而要根据接收者的年龄、性别、职业、性格、思想等方面的不同特点，说恰当的话，尽量"对什么人说什么话"。例如：有一个小女孩叫小青，她的奶奶患有高血压。医生给奶奶配了一瓶降压药，标签上注着："5mg100 片。用法与用量：口服。一次 5mg，一日三次，待血压降下后改为一日一次。"小青应该如何向奶奶说明吃药的量和时间，又如何消除奶奶紧张的心理呢？小青可以这样说："奶奶，您不要多想，医生说只要您按时吃药，一天三次，一次一片，吃一段时间血压自然会降下来，到时候一天只吃一片。我相信您一定会健康长寿的。"

（2）说话要符合身份。学生说话，要文明、有礼、符合身份。脏话连篇、吹大牛，不是好现象。

（3）运用语言要适应场合。即语言表达要与环境气氛相协调。交际的场合各种各样，有喜庆、哀伤之分，有庄重、轻松之别，等等。在不同的场合说不同的话，说话用语巧妙自然。在庄重、哀伤的场合下，说话"搞笑"，是不得体的；在自然优雅的环境中，如在音乐会上，大吵大叫是有伤风雅的。

（4）运用语言应该得体。"得体"就是语言的运用要注意并适应各种情境条件，要符合场合，避免用词不当等现象，注意掌握语言使用分寸。语言得体，要求说话者做到称谓得体、文明用语，说话目的明确、情感得当，注意时间变换、禁忌语的使用、委婉语的使用、语体的使用等。在说话时，谦词、敬语使用要恰如其分。

（5）用幽默的语言化解危机。在尴尬的时候，用幽默的语言可以化解危机。例如：著名主持人杨澜主持一台晚会，当她满怀欣喜地走上舞台时，不小心被麦克风的拉线绊倒了，全场哑然，陷入一片尴尬之中……但她迅速地站了起来，镇定地说："亲爱的观众朋友们，你们的热情让我倾倒。"并深深鞠一躬……全场报以热烈的掌声。

（6）说话要避免避讳的内容。日常交谈中，有一些需要避讳的内容，如：

1）有的人生理上有缺陷，如耳聋、驼背、腿短、肥胖等。如果彼此不是特别亲密的好友，或者对方比较忌讳或者不够大度，说话时需要避讳这些词汇，以防影响双方关系。

2）个人发生了不幸，如亲属去世、家庭矛盾、难言之隐等，当事人不主动提到，谈话中不要贸然去谈论。

3）个人痛处，如有的人某些方面较差，如有些小毛病、学习不好怕人笑话等，不要触碰他的敏感神经。

4）特定的风俗习惯，不同地区、不同民族的人有不同的风俗习惯，要尊重他人的风俗习惯，说话时避免说出有伤对方特定风俗习惯的语言。

4.3.2 身体语言的运用

身体语言属于非语言沟通方式，也是非常重要的沟通方式。身体语言主要有目光接触、面部表情、肢体动作、装饰等等。

（1）目光。眼睛是心灵的窗户，是有效显露内心世界的途径。观察力好的人能从他人眼睛中看出其情绪变化、情感变化。往往炯炯有神的目光，给人以感情充沛、生机勃发的感觉；目光呆滞麻木，则会给人留下疲惫厌倦的印象。世界的一些地方，尤其是在亚洲，不当的目光接触会引起不同国家和民族间的误解。所以，一个人良好的交际形象，应该具有坦然、亲切、和蔼、有神的目光。特别是在与人交谈时，不应该躲闪、游移不定、怒目圆睁，也不能目光呆滞，目光应该注视对方，并随着谈话内容的变换，用目光做出及时恰当的反应，或喜，或惊，目光会意，使整个交谈融洽和有趣。

（2）面部表情。心理学家艾克曼钻研面部表情与内心真相的关系 40 年，成绩斐然，学界封他为“人面教皇”。眼睛和口腔附近的肌肉群是面部表情最丰富的部分。例如，人真正悲伤的时候，嘴唇的角落都会不自主地往下垂，大约只有 1/10 的人可以控制嘴角的肌肉，一般人要假装悲伤得练习好几百个小时才装得出来。微笑是一种世界通用的语言，它表示友善、原意与人交往，是最富有吸引力、最有价值的面部表情。

和人交谈时，要有适宜的表情。比如，在听到悲伤的事情时，要低沉、悲伤，不能面带笑容；在交谈到高兴之处，可以会心一笑，或真诚大笑。面部表情直接影响人与人之间、个人与大众之间的沟通效果，需要特别注意。

（3）肢体语言。肢体语言是表达情感和态度的重要方式。人们有时通过身体运动、身体姿势传递信息。比如，聋哑人和他人交流时常常使用手语。很多情况下人们聊天、老师讲课采用语言表达的同时，也使用手势或身体姿势变换。

心理训练

心理训练（一）画图

一、活动目的

让同学们了解双向沟通比单向沟通更有效，双向沟通可以了解到更多信息。

二、活动地点

理论教室。

三、活动准备材料

两张易于描述的图（见图 4-2 和图 4-3）、两块写字板。

图 4-2

图 4-3

四、活动说明

（1）图贴于写字板后。

（2）人只能站在板后，不可走出来，有30秒思考时间。

（3）第一位参加游戏的同学描述第1张图时，台下学员只允许听，不许提问（单向沟通）。

（4）描述第2张图时，学员可以发问（双向沟通）。

（5）每次描述完，统计自认为对的人数和实际对的人数。

活动结束后，引入此次课的主题——正确地认识沟通的意义。

心灵感悟

写出自己参加此心理训练项目的感悟。

心理训练（二）多元排队

一、活动目的

引导组员们发现沟通的真谛，沟通不仅仅在于语言的交流，更多来自情感、眼神、姿势和手势等身体动作的变化。学会从细节处观察别人，能准确解读对方所要表达的非语言信息。

二、活动地点

室外活动室。

三、活动准备材料

录音机、轻快的音乐。

四、活动说明

（1）第一轮。

1）以身高为指标排成一队。个子矮的站在前面，个子高的站在后面。

2）排队期间不许说话，不能书写，只能用手势或者其他非语言交流方式。

3）要求不能出现错误。排好队后要进行检查。

4）大家在小组中分享过程中的感受：是用什么方法进行交流的？交流是否有效？是否能很快就清楚明了彼此想要表达的意思？小组中有没有起关键作用或者指挥作用的个人？被指挥时大家的感受如何？

（2）第二轮。

1）以年龄大小为指标排队。年龄小的站在前面，年龄大的站在后面。

2）排队期间不许说话，不能书写，只能用手势或者其他非语言交流方式。

3）要求不能出现错误。排好队后要进行检查。

4）大家在小组中分享过程中的感受：这一次的交流和上一次相比有没有不一样的地方？大家是否感觉比以前更为默契？大家有没有什么新奇的发现（比如没想到这个组员看起来年龄很小，其实年龄比我大；或者平时看上去像个大哥哥或者大姐姐，比较关心照顾别人的同学，其实年龄很小?）

活动结束后，引入此次课的主题——正确地认识沟通的重要性。

心灵感悟

写出自己参加此心理训练项目的感悟。

心理训练（三）你说我猜

一、活动目的

此活动旨在锻炼同学们人际交往中的表达能力，能在最短的时间用最有效的沟通方式让对方明白自己想要表达的意思。

二、活动地点

教室。

三、活动准备材料

词语题库一套，例如：鹌鹑蛋、西瓜、花生、核桃、黄瓜、西红柿、冰糖葫芦、水煮鱼、大熊猫、空调、面粉、口红、白色、皮影、铅笔、足球、酱油、自行车、大米、香水、橡皮、牛奶、馒头、雨伞、金丝猴、东北虎、长臂猿、长颈鹿、梅花鹿、袋鼠、黑猩猩、承德、青岛、红色、京剧、书包、排球、豆浆、冰箱、油条、餐巾纸、绿色、话剧、眼镜、乒乓球、啤酒、洗衣机、面条、超市、黄色、大庆、遵义、苏州、义乌、秦皇岛、大连、故宫、天安门、长城、音响、网球、象棋、电风扇、蛋糕、电话、黑色、相声、羽毛球、围棋、饮水机、苹果、围裙、紫色、舞蹈、风筝、杂技、军棋、电脑、香蕉、手机、灰色、武术、蜡烛、魔术、跳棋、狐狸、老虎、大象、海豚、恐龙、老鼠、蟑螂、蝴蝶、埃及、珠穆朗玛峰、黄河、北极熊、香山、鸟巢、千岛湖、大观园、电视机、电磁炉、台灯、微波炉、圆规、计算器、涂改液、钢笔、剪刀、订书机、蝎子、鸭子、金鱼、篮球、滑冰、跳水、竞走、游泳、蜈蚣、狮子、孔雀、猩猩、大灰狼、猴子、小鸡、老鹰、白马、螃蟹、镜子、电梯、手套、灯笼、火锅、凳子、手电筒、温度计、熨斗、雨衣、菜刀、灭火器、床、香皂、帽子、牙膏、纽扣、皮鞋、红领巾、袜子、雨鞋、水龙头、水杯、门、杯子、碗、筷子、日光灯、勺子、茶叶、牙刷、围巾、毛巾、脸盆、打印机、日历、青蛙、蜻蜓、鸵鸟、山羊、蜗牛、萤火虫、猫、猫头鹰、刺猬、燕子、虾、马蜂、洗发水、洗衣粉、拖鞋、梳子、螳螂、蚕、丽江、蚂蚁、小白兔、厦门、金钱豹、机器猫、蚊子、成都、太原、奖状、充电器、杭州。

四、活动说明

（1）将班内的学生分为几个小组，每组一般 6 个人，每次上两个人，一个提示，一个猜词。

（2）猜词的同学背对题库位置，提示的同学与他相对而站。

（3）提示的同学根据题板出现的词语开始提示，可以是动作、表情、语言提示，只是不允许说出词语中的字。

（4）如果说出的字与所出词语的其中的字一样则本题作废不得分。

（5）每次上场的每一个小组在 2 分钟之内答十道题，每对一道加一分，最后以分数最高的小组获胜。

活动结束后，引入此次课的主题——明白语言表达、肢体动作在沟通中的重要性并加以锻炼。

心灵感悟

写出自己参加此心理训练项目的感悟。

心理训练（四）对号入座

一、活动目的

此活动旨在锻炼每一位同学的语言表达能力和互相沟通能力，并考验每一个小组的团队配合意识，让同学们了解每一位同学的重要性，缺一不可。

二、活动地点

室内活动室。

三、活动准备材料

拼图两套、答题纸 6 张。

四、活动说明

（1）将全班同学分成几个小组，每组 6 人，编号 1~6。

（2）每组按顺序每一次上台一位同学，不允许重复上台。

（3）图片是 6 个部分，从左上角到右下角共 6 块，横两块，竖三块，分别编号。同学们分 6 次上台看图画的一部分，只允许用脑子记，不允许用笔和其他方式记录。

（4）在 6 位同学全部看完后，每组根据每位同学的记录开始研究每一位同学看到的图片是属于图片中的哪个位置，计时 15 分钟。

（5）计时结束后请每组将答案展示在答题纸上，全对的小组加分。

活动结束后，引入此次课的主题——正确地认识个人在团队沟通中的重要性。

心灵感悟

写出自己参加此心理训练项目的感悟。

5 学会学习，终身受益

学习是人与生俱来的本能。小婴儿从耳不聪、目不明的状态起，就开始学着去听、去看，学着去感知、理解周围的人和物，然后模仿着去表达与行动。人类从出生开始，就在感知周围，试着去适应环境，这个适应的过程就是学习的开始。中职生应树立终身学习的理念，不仅要学习理论知识，还要学习职业技能。

心理导航

5.1 坚定信心，正视学习上的得失

虽说学习是人与生俱来的本能，但不同的人学习情况是有差异的。从婴幼儿时期开始，这种学习情况的差异就有所体现了，比如有的孩子说话很早、吐字清晰、语句连贯流畅，而有的孩子则说话很晚；又比如孩子们进入幼儿园、小学，在他们接受同样老师的教导、享受同样教学资源的前提下，他们对知识的接受情况也并不相同。

一部分学生在进入中职学校的时候，带着中考成绩的失落，对自己的学习能力缺乏自信，往往自问“我是不是并不是读书的料?”；一部分学生在初中时成绩良好，在刚刚进入中职学校学习时自信满满，但在学习专业技能时却难以很快掌握技术技能要点或不能达到操作考核要求，从而怀疑自己的学习能力、动手能力，“我能成为技能人才吗?”常常对自己没有信心，会使自己消沉、畏首畏尾，丧失进取心。

5.1.1 相信自己，拒绝自卑

事实上造成学习情况差异的原因有很多，并不仅是每个人先天智力水平上的差异，更多的是我们对于自己的怀疑和不自信。研究表明，大多数人的智力水平是相当的，那些智力水平特别高或者较平均水平偏低的只是极少数人。所以，一个人在学习成绩不理想的时候，不要因此而对自己产生怀疑，甚至产生自卑、自暴自弃。

日本本田汽车创始人本田宗一郎说过："失败并不可怕，最可怕的是因为害怕失败而什么都不做。"这种因为觉得自己"不可能"、"不行"而退缩的行为是懦夫的行径，是一种对自己的极度不负责任，将自己内心深处无限放大的对失败的胆怯和极度的自卑隐藏起来，再用"能力不行"等冠冕堂皇的理由进行包装，从而让自己"掩耳盗铃"一般感觉失败也是理所当然。

诚然先天上智力水平的缺陷是会造成学习上的失利，但事实上造成学习情况差的原因极大部分并不是先天上每个人智力水平上的差异，而是你以为的先天上存在差异而产生的怀疑和不自信。当你对能否完成一件事产生怀疑时，往往你的决心就已经在动摇了，你就已经没有足够的勇气去面对它，也没有足够的信心去战胜它，也就永远失去了完成这件事的可能。

居里夫人说过："自信，是迈向成功的第一步。"只有当你相信自己可能通过努力取得成绩的时候，你才有可能迈出第一步，才可能在学习中愈挫愈勇，在一次次的打击与挫折中，不断进步。

5.1.2 时常反思，补足短板

任何人都不会是绝对完美、无所不会的。失败不可避免，不要惧怕失败，毕竟"胜败乃兵家常事"，但人不能在同一个问题上跌倒一次又一次。一定要正视失败，冷静地找出失败的原因，从中吸取足够的教训，及时走出失败的阴影。在学习的路上肯定会有碰壁的经历，碰壁的次数多了，就该学习如何在额头碰壁之前感知前方的阻碍而转变方向，而不是停步不前，也不是像人们常说的那样"不撞南墙不回头"，非得碰个头破血流。我这里说的感知阻碍调整方向，就是客观接受事实，认真分析考试失败的原因，找不足，找差距，重新安排好计划，接着完成自我的超越。比如一次考试成绩不理想，那么就请承认自己距离老师的期望目标还有差距，然后发掘自己具体哪里做得还不够好，进而改正。所以，我们要时常反思，总结收获和经验，查找自己的“短板”，然后补足“短板”。

5.2 树立学习动机，培养学习意志

有三个泥瓦匠在砌一堵墙，一个人来询问三个泥瓦匠同样的问题：“你们在干什么?”第一个泥瓦匠回答说：“砌墙。”第二个泥瓦匠回答说：“盖一幢楼。”而第三个人则回答：“我们正在建设自己的家园呀!”三个泥瓦匠虽然做的是同一件事情，但他们的回答却各不相同。这也决定了在许多年以后，他们会有大不相同的成就，达到不同的人生高度：第一个泥瓦匠依然在干他的老本行，做一名泥瓦匠；第二个泥瓦匠成为了一名工程师；而第三个人却摇身一变，成为了前两个泥瓦匠的老板。这个故事告诉我们既然工作等事情不可逃避，用不同的心态面对会有不同的效果。有的人无论做什么事情，总是怨天尤人、得过且过，结果只能是碌碌无为；有的人无论做什么事情，都以快乐的心情对待，用热情、勤奋去构筑未来，自然能得到丰厚的回报。同样的，在学习上，我们除了要坚定学习信念外，还应注意不能把学习当成负担来看。

5.2.1 树立正确的学习动机

教育心理学中将激发个体进行学习活动、维持已引起的学习活动，并致使行为朝向一定的学习目标的一种内在过程或内部心理状态称为学习动机，并认为一般情况下学习动机越强，学习活动的积极性就越高，从而学习效果就会越好。当我们受到老师的表扬或者获得某方面的奖项时，往往我们会干劲十足。类似于表扬、奖励这种由外部带来的能够激发我们学习干劲的因素，称为外因性动机。但外因性动机往往驱动力较小且持续时间短。与持续时间短的外因性动机相对应的是维持时间更长的内因性动机，比如学习兴趣、好奇心、自尊心、好胜心等等。积极地进行学习，而不是被动地像是被无形的枷锁禁锢着进行强迫学习，是非常重要的。这有助于学习者保持正常智力，控制自己的情绪，营造良好的心境，最终达到学习的目的，实现自己的理想。

部分中职学生由于存在自卑心理、从众心理，认为升学无望，学习动机不强，要在老师或家长的外在压力下才去学习。这是错误的。作为学生，首先要内

心认可学习这件事情本身，也就是要明白为什么要学习，树立正确的学习动机。就像出发旅行一样，你如果想要到一个地方，首先方向必须是正确的，否则就会南辕北辙，做再多的功也只是无用功。

人们常说，不要因为走得太远，而忘记了为什么出发。同样的，不要因为学习了太久，而忘记了为什么学习。现在，请先问问自己，为什么要学习？学习是为了获得什么？

或许在孩提时期，大多数少年儿童还不能理解父母良苦用心的时候，接受教育是一种强制的行为。当时，不少人会认为学习是在为了父母而学习。实际上，人类的学习无处不在、无时不在。学习是生活的一部分，是人生的重要组成部分。学习是求职择业的基础，也是人生成功的必备手段。只有经过学习阶段的积累，人们才有能力去赢得企业招工者的青睐，才能获得心仪的工作机会和职位，从而在一个恰当的位置开始自己的职业道路，并不断攀登，实现人生的成功。

对中职生而言，三年的中职学习生活，会学到很多知识和能力，这对其未来求职择业，乃至一生的发展都是非常重要的。

（1）学会探索生活规律，在父母、老师、朋友的帮助下，学着独立。曾经我们事事依赖父母亲人，对外部的感知也如同雾里看花，而通过中职三年的学习生活，我们将会对生活有更多的体验和规划，树立人生目标，逐渐培养出自己的主见与看法，对自己也能有更清醒的认识和了解。

（2）学会学习，掌握专业知识和技能。职业学校的学生从跨进校门起，接受的就是一种职业定向教育，各个方面的发展都是为了未来特定的职业，故职校学生要熟练掌握专业技能，同时在学习过程中要培养和发展未来职业活动所需要的心理品质。因而在中职学校的这三年是知识得到丰富储备和能力大大提升的三年。学校丰富的教学资源、认真负责的专业教师队伍为学生学习创设了良好的环境，学生能够心无旁骛、专心致志地学习文化知识、专业知识，提升技能水平。

这里有必要提到一些错误现象：部分学生持有“实用主义”学习态度，在学习内容选择上注重实用性，仅仅为用而学。这些学生认为有用的就多学，认为无用的就少学或不学，对于专业科目非常认真，但是对于学校给安排的文化科目则持轻视甚至放弃态度，这种实用主义学习的态度，或者说“文化课程无用论”

是非常不对的。因为忽视文化课理论学习将会不利于学生的在职提高和职业转换，不符合学生的长远发展，也不符合素质教育的要求。学生应该认真对待每一门课程，全力以赴地学习。

（3）人生观、价值观、世界观树立和良好道德品质养成的关键时期。学生们要从他人身上发现闪光点，见贤思齐，养成良好的习惯，学习职业道德要求，培养优秀的品格和职业精神，做德技双馨的人才。具备扎实的技能和优良品格的毕业生，将会获得企业的青睐，在社会中获得稳步的发展。

5.2.2 激发学习兴趣

我们常说要激发学习的兴趣，因为“兴趣是最好的老师”。首先要坚信学习是一件充满乐趣的事情，而不是甩不掉的负担、麻烦和牵绊。如果一开始就不断暗示自己学习是无趣的事情，就等于在脑海中不断强化学习无趣，最终自己的学习兴趣将被自己亲手扼杀掉。人只有对一门课程充满了兴趣，才会产生好奇，进而自动自发地去进行钻研，从中不断收获乐趣，不断加深认识，获得进步。其次，小孩子因为有无穷无尽的好奇心，总是会问十万个“为什么”，所以对外界环境具有更强的适应性，接受环境、学习的速度会特别快。我们要学习小孩子的好奇心，平常多注意观察，多问几个“为什么”，而不是一知半解就得过且过。很多同学对学习问题总是比较浮躁，不求甚解，没有足够的耐心去彻底搞清楚搞明白，反而是自以为学会了、了解了，因而就没法产生更强的学习兴趣，从而更加深入地学习。相反，经常与老师同学一起探究讨论，本着“打破沙锅问到底”的态度，久而久之，就能够大大增强对课程学业的好奇心、求知欲，就能产生乐学好学的积极情绪，从而进一步产生学习愿望，提升学习动机。

5.2.3 培养学习意志

中职学生在明确了为什么要学习之后，还要培养学习意志来支配、调节自己的学习行为。学习中会遇到遗忘、倦怠、不能理解等情况，中职学生要根据学习目的去调节自己的行动，用意志去克服学习中的各种困难。经常有学生有明确的学习目的、强烈的学习意愿，但是依然不能采取行动去学习；也有学生在学习上有好的开始却坚持不到结尾，究其原因主要是学习的意志薄弱。

培养学习意志应注意以下几点：

（1）自觉性。具有自觉性的人清楚自己学习的目的，能够按照既定的计划和目标，积极主动地学习。

（2）自制性。当受到外界原因的干扰时，具有自制力的人能够很好地克制自己，免受干扰的影响，坚定地完成既定学习任务。

（3）坚持性。具有坚持性的人能够长时间保持精力充沛的状态，哪怕遇到重大的困难与阻力，依然能够排除万难，坚持到底，完成任务。

5.3 学会高效学习

造成学习情况差异的原因，除去智力水平的差异、学习态度的差异外，也与学习能力的差异有关。学习能力强的人往往掌握新鲜事物就会快一些，而且记忆会更加深刻一些，而学习能力弱的人则在掌握新鲜事物时会反应慢一些，有时费劲努力掌握的东西又记忆不深，容易出现混淆。那如何培养学习能力呢？关键在于掌握学习的方法，实现有效学习。有效学习是指符合教育、教学原理的学习，它的目的是为了花更少的时间，学得更多、更牢、更好，用正确的学习方式达到事半功倍的效果。

5.3.1 适合的学习方法

要想实现有效学习，学习方法很重要。但是是否存在一个最好的学习方法？答案是否定的，对一个人来讲，并不存在最好的学习方法，但是却有最适合的学习方法。为什么这么说呢？因为学习方法有很多种，但是因为每个人的思维方式、智力水平等的差异，每个人所适合的最佳学习方法也并不相同。同样的，不同的科目，最适合的学习方法也不同。打个比方，我们都学过英语，也知道对英语并不是母语的我们来讲，英文单词记忆是个很令人头疼的事情。当你买到一本英文单词书时，上面会有这本书的单词学习记忆的方法，有的单词书是教给你音形义记忆法，有的单词书则是教给你词根词缀记忆法，另外常见的还有分类记忆法、感官记忆法等等。这就好比，一个人去大森林里面伐木，如果他体格强壮又力大无穷但是财力有限，没法配备高端伐木工具，他只需要带一把相对廉价却笨重的巨斧，用上蛮力，大力挥舞几下斧头，参天大树就会倒下了；如果他体格娇小，但是他准备充分，懂得用高端伐木工具比如配备一把电锯，到时候只需要将电锯充好电，利刃靠着树干打开开关，很快树也会倒下了；还有人可能没有强壮的体格足以挥动巨斧，也没有高端伐木工具比如电锯，空手而来却要带棵大树回去，那么在别无他法的情况下，他就只能学我们的祖先，就地找一些相对锋利一些的东西比如硬石块，在树上比划，一点点地去和这棵树磨，天长日久总会有把树磨倒的一天的……斧子、电锯还有硬石块就是学习方法，而树就是你要学到的东西、获得的知识。很显然，学习方法适合才是最重要的。

下面简单介绍几种文化课程学习记忆的方法。

（1）联想学习法。根据唯物辩证法所认为的世上任何事物都存在着联系，我们要记忆的东西也存在着联系。把需要记忆的东西与愉快的事情联系起来记忆，往往会取得事半功倍的效果，因为愉快的事情最容易被人深深记在脑海里。把相关的内容纵向横向比较联系起来记忆，也会使人记忆更加深刻，这就是为什么人们喜欢做知识结构脉络图的原因，因为能把众多知识点放在一起，串联一起。需要记忆的事物如果与现实生活相联系，记忆则会更加容易而且难以忘记。抽象的东西除了晦涩难懂外，也难以记忆，就是因为与现实生活联系不够密切。

（2）归纳学习法。归纳学习法就是归纳事物的特点、性质，把握它的实质，同时，以归纳为基础，搜索相同、相近、相反的知识，把它们放在一起进行识记与理解。运用好归纳学习法能够起到更快地记忆、理解作用。

（3）问题学习法。像之前说过的一样，兴趣是最好的老师。发现问题并提出问题，是培养兴趣最简单直接的方法。带着问题去学习，能够更好地集中注意力。目的明确，这既是有意学习的要求，也是发现学习的必要条件。这种学习方法使得目标更加明确，学习也有了明确的指向性，从而大大提高了学习效率。

（4）重复记忆法。科学研究表明，背诵时间越久，不仅可以增加记忆量，同时也可以使记忆更加牢固持久。重复记忆法又可以分为“渐进反复法”和“直接重复法”等。比如将需要记忆的东西分成三个部分，其中“渐进反复法”是“退一步、进两步”的方法，先依次记忆第一、第二部分，然后回到第一部分，将第一、第二部分复习一遍后，再进行第三部分学习，之后全面复习；而“直接反复法”则是指先学习第一部分，然后复习第一部分，牢固掌握后，再进入第二部分，学完第二部分后，回到第一部分，从头复习，复习完成后再增加新内容的学习。无论是哪种学习记忆方式，一定都不能死记硬背，而是要勤于思考，边思考，边记忆。

以上记忆方法主要是针对理论知识的学习记忆，鉴于中职学生还有大量的实际操作训练课程，下面介绍专业操作技能的学习方法。

学习专业操作技能就像学习驾驶一样，新手司机上路时往往紧张异常，倘若驾驶的汽车前方突然出现行人或者路边窜出小动物等突发情况，新手司机总是会被吓一跳然后手忙脚乱，因为他需要时间去反应应该做什么，先做什么，后做什么。而如果同样的事情发生在老司机身上，他们就能够在最短时间内有条不紊地做出应对，因为采取的所有行动都是在下意识地进行的，不像新手司机一样需要反应时间。学习专业操作的最开始，是老师先做出动作示范，同学们脑海中记住这样的一个动作知觉，然后根据这个动作知觉来模仿老师的操作小心翼翼、高度注意地练习，眼睛紧紧盯着操作，并不断修正，但即使注意力高度集中，仍然免不了会有错误发生，这时不要心慌气馁，更不能由此放弃，而是要反省错误，矫正动作，再接再厉。随着练习次数的增加，慢慢地，具体的操作就会形成一个动作定势，动作知觉成为动作表象，不再需要精神高度紧张地思考操作步骤，双眼紧紧盯着操作，而是慢慢放松下来，手上的感觉不断加深，操作越来越娴熟。随着练习次数的增多，动作就会越来越熟练。总而言之就是专业操作能力的提升，重点在于不断练习，熟能生巧。

另外除了要不断练习，以求熟能生巧外，培养专业技能还需要注意理论与实践的密切联系，勤动脑，多思考，以求能有技术上的创新。

5.3.2 规划时间，做好记录

除了掌握适合自己的学习方法外，合理规划自己的时间也是非常重要的。因为一个学习者通过自我时间管理可以获取高效学习所必需的基础：健康的身体、专注的精神以及平和的心态。著名数学家华罗庚先生曾经说过：“所有有伟大成就的人无一不是利用时间的能手。”要高效地利用时间，一个必不可少的步骤就是制订计划，并且把计划的事情持之以恒地做下去并最终养成一种习惯。这里的时间，除了课余时间外，人们容易忽视的一点就是合理高效地利用课堂的时间。上课走神、上这科的课做那科的事、思维不活跃地被老师拖着走，都是不可取的。因为如果重难点的讲解被错过，就需要用课外时间去补救；如果课堂上不能够现学现记，课外就需要花更多的时间去复习，这等于是剜肉补疮，有百害而无一利。

俗话说：“好记性不如烂笔头。”这句话是十分有道理的，德国心理学家艾宾浩斯研究发现，遗忘在学习之后立即开始，而且遗忘的进程并不是均匀的。最初遗忘速度很快，以后逐渐缓慢。他认为“保持和遗忘是时间的函数”，并作出了“艾宾浩斯遗忘曲线”（见图 5-1）。观察曲线，你会发现，学得的知识在一天后，如不抓紧复习，就只剩下原来的 33.7%。随着时间的推移，遗忘的速度减慢，遗忘的数量减少。而记笔记不仅可以帮助我们在第一遍接触知识时集中注意力，从而加深记忆，还有助于我们全面系统地掌握知识，为课后复习巩固打好基础。记录笔记后一定要时常复习，这样才能使笔记发挥最大的效用。如果笔记记录完毕后就被弃之一旁，是起不到效果的，所以应该时时翻阅，时时回顾。

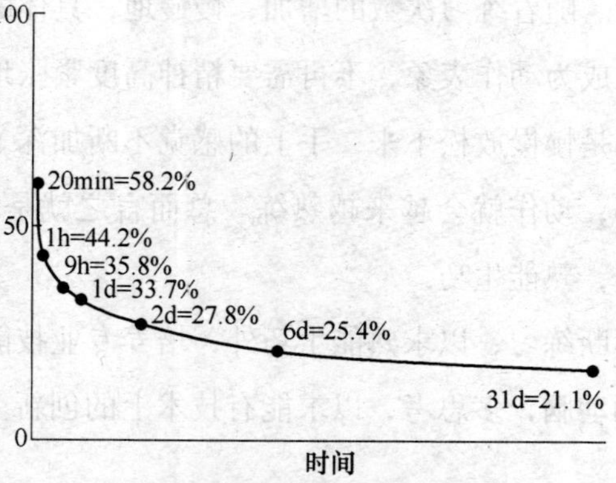

图 5-1　艾宾浩斯遗忘曲线

5.3.3　夯实基础，循序渐进

学习还要求循序渐进，不要贪多。很多同学在初中阶段打的学习基础并不是很稳固，因而进入中职阶段学习后会感觉很吃力，只能拼命咬牙坚持，如果这种情况在你的身上发生了，建议你有机会可以把初中的知识点拿来再仔细学习，温故而知新。只有地基打牢了，才能无惧在地基上面搭建摩天大楼。除此之外，学习也需要量力而行，如果长期疲劳学习，也是不可能取得好效果的。从小上学，你有没有想过，为什么每节课的时间设置在45分钟左右？一个主要的原因是，人的注意力是不能长期关注一件事情的，教育心理学就认为，一般青少年的注意力持续集中只有10~30分钟左右，成人注意力持续集中只有30~50分钟，所以一节课的时间设置在45分钟左右，因为超出这个时间后，人的注意力难以集中，学习难以专注，得不到预期的效果。另外，科学研究也表示，颈部疲劳极限为45分钟，所以时间设置在45分钟左右也是考虑到生理上的原因，在坚持了一节课全神贯注地听讲后，应该下课活动休息一下。

学习毕竟是一件长期的事情，“冰冻三尺，非一日之寒”，因此持之以恒也是很有必要的。三天打鱼，两天晒网的态度，是没法在学习上取得长足的进步的。掌握适合的学习方法对于学习是很重要的，然后就是坚持不懈地钻研。

心理训练（一）我能行

在学习上，只有充满自信的人才能取得成功，那么你是否是一个很有自信的人呢？你是否对学习上某一个学科或者某一个内容非常有把握呢？

一、活动目的

通过自测帮助学生从学习上收获自豪感，培养自信心。

二、活动地点

教室。

三、活动说明

每位同学首先在两分钟内尝试思考自己的学习情况，将下面横线的内容填补完整，得出结论比如“我是××，对英语学习最有把握，尤其是冠词的使用上，大家有不会的问题可以来问我！”“我是×××，对数学学习最有把握，特别是集合问题，大家有不明白的问题可以来问我！”然后要求学生走上讲台，将他（她）的结论大声地向全班同学作出宣告，最后再利用 2 ~ 3 分钟的时间，在讲台上模仿老师，向全班同学对自己最有把握的知识点作出讲解。

我是______我对（学科），尤其是对（知识点）最有把握，大家有不会的问题可以来问我！

心灵感悟

写出自己参加此心理训练项目的感悟。

心理训练（二）急速60秒

一、活动目的

（1）集思广益有效策略，合理分工合作。
（2）在有限的时间内收集有效的信息，学会策略使用。
（3）进一步增强团队的凝聚力。

二、活动时间

大约需要25分钟。

三、活动道具

象征意义PVC数字牌。

四、活动说明

（1）在半径2米的圆圈中放置30张代表1~30数字的卡片。

（2）游戏时间共15分钟，期间每队有两次进场机会，每次进入圈中的时间为60秒。时间到，所有队员必须马上离开现场。

（3）在采集卡片信息时，只允许一名队员在圈内，只有在圈内的队员能接触圈内的卡片。其他队员只能在圈外给予语言上的帮助。

（4）在60秒内，采集数字信息卡片且按照数字顺序交给站在圈边的教师确认，准确无误则胜出。

五、注意事项

（1）竞技场和准备场有4米距离。竞技场内有半径大约2米的圆圈，内有混乱的卡片。

（2）教师负责念规则，不负责提示，包括数字信息卡上是写着数字还是图片一律不能事先告诉队员。

（3）注意严格遵守时间规则。三队，两轮，每轮每队 60 秒进入竞技场的时间。60 秒后立即回到准备场，超过 10 秒没回到规定地点，取消竞技资格。

心灵感悟

写出自己参加此心理训练项目的感悟。

心理训练（三）“高个矮个”反应力训练

学生围成圈站立，教师先介绍“高个”、“矮个”所代表的动作：“高个”代表两手上举，两脚踮脚尖站立；“矮个”则代表两腿半蹲、两手扶膝。然后教师发出指令，学生根据指令做出与指令相反的动作，如果动作和指令相符了则算失败。教师念指令的速度不断加快，直到只剩下最后一个完全正确的学生。

游戏结束后，对自己的游戏表现进行评价：

你觉得这个游戏胜利的关键是什么？

游戏刚开始阶段和游戏最后 PK 阶段表现好的原因一样吗？如果不一样，你觉得最开始阶段是依靠什么表现优异的？结束阶段又是靠什么取胜的？

心灵感悟

写出自己参加此心理训练项目的感悟。

心理训练（四）艾宾浩斯记忆法训练

科学家们按照信息论的观点，根据记忆过程中信息保持的时间长短不同，将记忆分为瞬时记忆、短期记忆、长时记忆三种。以记录一个单词为例，当你第一次见到这个单词，你在几秒钟之内会产生一个“感觉记忆”，这个感觉记忆转瞬即逝，每个人各不相同，但基本上都在三四秒之内。这个记忆在记单词时不会感觉太深，这就是瞬时记忆。然后你反反复复地念和记录，过几分钟后，你感觉记住了，但是吃了一顿晚饭或者你玩了一会儿之后，你再去自测，就会发现什么也记不清了，这就是短时记忆。短时记忆每个人所能持续的时间不尽相同，而且有一定的容量限制，遵循“7±2 法则”，并容易受到干扰。真正想要把这个单词记住，就要将它转化为长时记忆，通过反复地复习，不断加深记忆。由此可见，反反复复的复习还是很有用处的。

根据艾宾浩斯的遗忘曲线，制定了如下的复习时间点。

（1）第一个记忆周期：5 分钟后。

（2）第二个记忆周期：30 分钟后。

（3）第三个记忆周期：12 小时后。

（4）第四个记忆周期：1 天后。

（5）第五个记忆周期：2 天后。

（6）第六个记忆周期：4 天后。

（7）第七个记忆周期：7 天后。

（8）第八个记忆周期：15 天后。

以诗仙李白的名篇《梦游天姥吟留别》为例，请你根据制定好的复习时间点去记忆，完成下面要求，并记录下记忆的情况。

第一个周期，要求背诵全诗，情况：________________________________

____

第二个周期，要求熟练背诵全诗，情况：____________________________

____

第三个周期，要求默写全诗，情况：________________________________

____

第四个周期，要求默写全诗，情况：________________________________

____

第五个周期，要求完成下述缺失内容填空，情况：____________________

____

梦游天姥吟留别·李白

海客谈瀛洲，____________________。

____________________，云霞明灭或可睹。

天姥连天向天横，势拔五岳掩赤城。

……

青冥浩荡不见底，____________________。

霓为衣兮风为马，云之君兮纷纷而来下。

____________________，仙之人兮列如麻。

忽魂悸以魄动，恍惊起而长嗟。

惟觉时之枕席，________________。

别君去兮何时还？且放白鹿青崖间。须行即骑访名山。

第六个周期，背诵全诗，情况：

第七个周期，默写全诗，情况：

第八个周期，有感情地背诵全诗，并请你的同学进行评价，情况：

心灵感悟

写出自己参加此心理训练项目的感悟。

6 团队协作，共同进步

团队协作是一种为达到既定目标所显现出来的自愿合作和协同努力的精神。它既可以调动团队所有成员的资源和才智，同时也会自动地排除所有不和谐和不公正的现象，同时会给予那些诚心且无私的奉献者适当的回报。我们每一个人都是一个三角形，是一个具有个性、相对独立且稳定的个体，但我们生存的群体是个大圆形，我们必须要去学会适应环境，彼此磨合，让我们的集体更加强大而有力量。当团队协作是出于自觉自愿时，它必将会产生一股超乎我们想象的强大而且持久的能量。

心理导航

6.1 团队与团队协作

在非洲的一个大草原上，有这样的一个现象：如果你看到羚羊在奔跑，是因为狮子来了；如果看到狮子在躲避，是因为象群来了；如果见到狮子群、大象群都在逃跑，那是蚂蚁群来了。单个的蚂蚁是渺小、微弱的，但是蚂蚁的团队却具有一股非常强大的力量。它靠的就是团结一致、精诚合作的团队精神。

6.1.1 团队与团队角色

当代社会，从个人到企业，从民族到国家，竞争成为新时代的主旋律。随着社会的进步，团队合作已引起各行业越来越多的重视。企业在招聘员工时非常看重一个人的团队精神，企业如果有一个团结协作的团队才是真正强大的企业。一个人的力量再强大，也是一个人，力量也是很有限的。其实，每个人都处于不同类型的群体中，如一个家庭、一个小组、一个班级、一个学校、一个国家等等，这些群体可能是团队，但并不是每个群体都是团队。

管理学家斯蒂芬·P·罗宾斯认为：团队就是由两个或者两个以上的、相互作用、相互依赖的个体，为了特定目标而按照一定规则结合在一起的组织。一个团队具备这些特点：有共同的目标，人员互相信任、互相依存、互相支持，有组织规范和计划，能为特定目标而承担责任和义务。

管理心理学研究发现，在一个团队里，团队角色一般有以下 9 种：

（1）联络-协调者：设置团队目标，协调群体角色，建立合作关系，整合团队优势。

（2）推动-组织者：制订计划，组织人力物力，推动工作开展。

（3）探索-倡导者：接受创意，利用创新办法，获取各方支持，积极探索。

（4）控制-核查者：贯彻规章制度，作出量化分析，避免管理差错，控制目标进程。

（5）评价-开发者：运用分析能力，分解任务，分析备选方案实现群体目标。

（6）汇报-建议者：倾听不同观点和意见，收集多种信息，分析并提出建设性意见，促进团队合作。

（7）支持-维护者：拥有强烈信念，稳定团队士气，寻求外向资源，增进外部联系。

（8）总结-生产者：关注工作结果，检查问题细节，注重任务时限，跟踪项目完成。

（9）独立-创新者：富有想象创新，注重独立工作，按照自行方式，寻求创业机遇。

在团队管理中，认识团队结构因素，合理组合，发挥相互特长，才能形成综合优势，增强团队管理效能。

6.1.2 团队的功能

（1）目标导向功能。团队精神的培养，使全体团队成员齐心协力，朝着一个目标努力。

（2）凝聚功能。团队精神通过对群体意识的培养，引导人们产生共同的使命感、归属感和认同感，反过来逐渐强化团队精神，产生一种强大的凝聚力。

（3）激励功能。成员之间正常的竞争可以实现激励功能。

（4）控制功能。团队精神所产生的控制功能，是通过团队内部所形成的一种观念的力量、氛围的影响，去约束规范、控制成员的个体行为。

6.1.3 团队协作精神的培养

中职学生在团队合作方面还存在很多问题，主要表现在缺乏信任、以自己为中心、不能妥协、缺乏规范和组织等等。为了更好地成长为适应企业需要的人才，在学校期间，同学们就要努力适应周围环境，慢慢地培养自身的团队意识和团结协作的精神。

团队精神的培养，可以从体育运动项目开始，如篮球、足球等，这些团体的运动项目要求参与者有良好的团队协作。在这些运动中，学生通过直观的体验，增强团队协作精神，建立和谐的人际关系，达到团队预期目标。

在学校，最主要的团队是班级团队。一个班的同学有良好的团队精神，才能形成强大的凝聚力，班级的各项工作才能很好地进行，班级参加各项团队比赛才能取得好的成绩。在学校的各种活动中，学生通过积极参与体验、老师鼓励，实现近期、中期、远期目标。在逐步实现目标的过程中运用梯次激励效应，形成强大的团队精神和班级凝聚力。学生在团队中积累正能量，在团队中获得成功的经验或失败的教训，在团队活动中成长。

团队精神在很多活动中都能体现。比如每年举办的运动会，需要在班主任的带领下，班级整体精诚合作，才能取得好的名次。在每年度的班级量化考核中，需要每个人的努力，才能为班级的整体考核打好基础。

在这些活动中，不仅老师要着重培养学生的团队精神，学生自己也要有意识地培养自己的团队精神和人际交往方法，为以后走上社会打下良好的基础。团队协作能力对于一个团队至关重要，设团队总能力为 A，队长的团队组织能力为 a，每个队员的平均个人能力为 b，队中人数为 c，团队协作能力为 d。那么有：

$A=a\times (bc)^{d}$。可见团队协作能力具有巨大作用。

6.2 适应环境，融入团队

6.2.1 适应环境，学会合作

古往今来，适者生存，不适者淘汰。世间万物只有与它所处的环境相适应，才能立足于世。适应生存环境对中职生来说同样重要。杨涛是一名中职学校二年级的学生，他在初中时曾是学校的尖子生，由于中考失利，未能考上梦想的高中，在家人的劝说下来到一所中职学校的电梯专业就读。来到学校的第一学期，杨涛始终无法适应职业院校的生活。他以为自己在初中时的学习方法到了职校同样奏效，却没想到，两次考试下来，学习成绩直线下降。他重新调整了心态，根据自身的实际情况，合理改变学习方法，有意识地多锻炼自己的实际操作能力，最终使成绩得到了提高。他的努力和进步同学和老师都看在眼里，从一年级下学期开始，他就和班里的另一名同学在任课老师的指导下开始组队进行训练，为参加专业比赛做准备。二年级伊始，杨涛不仅在班里的专业课成绩名列前茅，还成为了老师的得力小助手，帮助其他同学答疑解惑，收获知识的同时也收获友谊。一个学生如此，企业乃至国家的生存发展何尝不是这样？一个企业只有适应社会需求，调整自身的产业结构，改变经营方案，独辟蹊径，适应企业竞争，才能不被淘汰。将来同学们走上工作岗位，只有努力适应企业文化与运行环境，才能在自己的岗位上发光发热。

当然，人虽作为独立存在的个体，在生存环境上却具有群居性。

在角色群体的活动效率中，群体既可能产生增力作用，也可能产生减力作用。“三个臭皮匠，赛过诸葛亮”，这种情况下“1+1+1”大于3。这在群体成员活动的效率角度上，称为“群体的增力作用”。“三个和尚没水喝”，这种情况下的“1+1+1”却等于0了。这在群体成员活动的效率角度上，称为“群体的减力作用”。这种由不同的角色扮演者组成的群体产生的内聚力或摩擦力，在社会心理学上，统称为“关系场效应”。关系场效应全面地体现了团队协作的良好作用。

6.2.2 团队协作的重要性

一个好的团队并不是说每一个人各方面能力都特别棒，而是能够很好地借物使力，取团队其他成员的长处来补自己的短处，也把自己的优点分享给大家，互相学习交流，共同进步。

一个团队的力量远大于一个人的力量。团队不仅强调个人的工作成果，更强调团队的整体业绩。团队所依赖的不仅是集体讨论和决策，它同时也强调成员的共同贡献。大家都知道一根筷子轻轻被折断，但把更多的筷子放在一起，想要折断是很困难的事。

团队协作的本质是共同奉献。这种共同奉献需要一个切实可行、具有挑战意义且让成员能够为之信服的目标。只有这样，才能激发团队的工作动力和奉献精神，不分彼此，共同奉献。在一个团队里面，只有大家不断地分享自己的优点，不断吸取其他成员的优点，遇到问题都及时交流，才能让团队的力量发挥得淋漓尽致。

当团队的每一个人都坦诚相待，都有一份奉献精神时，取长补短，个人的能力肯定会得到大大的提升，三人行，必有我师焉。如果大家把团队里面每一分子的优点都变为自己的优点，灵活运用，不仅团队的力量日益强大，而且自己的能力、潜力也慢慢得到升华。

团队协作能激发出团队成员不可思议的潜力，让每个人都能发挥出最强的力量。但此时，一加一的结果却是大于二。也就是说，团队工作成果往往能超过成员个人业绩的总和。

团队精神的核心就是协同合作。协同合作是任何一个团队不可或缺的精髓，是建立在相互信任基础上的无私奉献，团队成员因此而互补互助。

团队强调的是协同工作，所以团队的工作气氛很重要，它直接影响团队的合作能力。没有完美的个人，只有无敌的团队，团队中的每个人取长补短，相互协作，即能造就出一个好的团队，所以才有“三个臭皮匠赛过诸葛亮”之说。在一个团队中，每个成员都有自己的优点缺点。作为团队的一员应该主动去寻找团队成员的优点和积极品质，这样团队的协作就会变得很顺畅，工作效率就会提高。

团队工作需要成员在一起不断地讨论，如果一个人固执己见，无法听取他人的意见，或无法和他人达成一致，团队的工作就无法进行下去。团队的效率在于配合的默契，如果达不成这种默契，团队合作就不可能成功。为此，对待团队中其他成员时一定要抱着宽容的心态，讨论问题的时候对事不对人，即使他人犯了错误，也要本着大家共同进步的目的去帮对方改正，而不是一味斥责。同时也要经常检查自己的缺点，如果意识到了自己的缺点，不妨将它坦诚地讲出来，承认自己的缺点，让大家共同帮助你改进，这是最有效的方法。

要使自己的工作得到大家的支持和认可，而不是反对，必须让大家喜欢你。但一个人又如何让别人来喜欢你呢？除了在工作中互相支援、互相鼓励外，还应该尽量和大家一起去参加各种活动，或者礼貌地关心大家的生活。任何人都不喜欢骄傲自大的人，这种人在团队合作中也不会被大家认可。可能你在某个方面比其他人强，但你更应该将自己的注意力放在他人的强项上，只有这样，才能看到自己的肤浅和无知。因为团队中的任何一位成员，都有自己的专长，所以必须保持足够的谦虚。

团队作为一个整体，需要的是整体的综合能力。不管一个人的能力有多强，如果个人能力没有充分融入到团队中，到了一定阶段必定会给整个团队带来致命打击。资源共享作为团队工作中不可缺少的一部分，既是团队凝聚力和团队协作能力的评估标准，也是团队能力的客观体现。故提高团队的资源共享度是团队健康发展、稳定发展的基础。

尊重没有高低之分、地位之差和资历之别，尊重只是团队成员在交往时的一种平等的态度。平等待人，有礼有节，既尊重他人又尽量保持自我个性，这是团队合作能力之一，也是尊重的最高境界。团队协作中的尊重，意味着尊重他人的个性和人格，尊重他人的兴趣和爱好，尊重他人的感觉和需求，尊重他人的态度和意见，尊重他人的权利和义务，尊重他人的成就和发展。尊重，还意味着不要求别人做你自己不愿意做或没有做到的事情。

6.3 团队协作的要素

团队是由不同的人组成的，每一个团队成员首先是一个追求自我发展和自我实现的个体人，然后才是一个从事工作、有着职业分工的职业人。虽然团队中的每一个人都有在一定的生长环境、教育环境、工作环境中逐渐形成的与他人不同的自身价值观，但每一个人都有渴望尊重的要求，都有被尊重的需要，不论其资历深浅、能力强弱。

团队协作的要素主要包括以下几点：

(1) 学会欣赏，懂得欣赏。要想成功地融入团队之中，善于发现每个工作伙伴的优点，是走进他们身边、走进他们之中的第一步。很多时候，同处于一个团队中的工作伙伴常常会乱设“敌人”，尤其是大家因某事而分出了高低时，落在后面的人的心里就会酸溜溜的。所以，每个人都要先把心态摆正，用客观的目光去看看“假想敌”到底有没有长处，哪怕是一点点比自己好的地方都是值得学习的。欣赏同一个团队中的每一个成员，就是在为团队增加助力；改掉自身的缺点，就是在消灭团队的弱点。

欣赏就是主动去寻找团队成员的积极品质，尤其是你的“敌人”，然后学习这些品质，并努力克服和改正自身的缺点和消极品质。这是培养团队合作能力的第一步。适度的谦虚并不会让你失去自信，只会让你正视自己的短处，看到他人的长处，从而赢得众人的喜爱。你必须保持足够的谦虚，这种压力会促使你在团队中不断进步，并真正看清自己的肤浅、缺憾和无知。

(2) 宽容待人。雨果曾经说过，“世界上最宽阔的是海洋，比海洋更宽阔的是天空，而比天空更宽阔的则是人的心灵。”宽容是让你尽快融入团队之中的捷径。团队成员间的相互宽容，是指容纳各成员的差异性和独特性以及适当程度的包容，但并不是指无限制地纵容。一个成功的团队，只会允许宽容存在，不会让纵容有机可乘。宽容是团队合作中最好的润滑剂，它能消除分歧和战争，使团队成员能够互敬互重、彼此包容、和谐相处，从而安心工作，体会到合作的快乐。试想一下，如果你冲别人大发雷霆，即使过错在于对方，谁也不能保证他不以同样的态度来回敬你。这样一来，矛盾自然就不可避免。反之，你如果能够以宽容的胸襟包容团队成员的错误，驱散弥漫在你们之间的火药味，相信你们的合作关系将更上一层楼。

宽容，并不代表软弱，在团队合作中它体现出的是一种坚强的精神，它是一种以退为进的团队战术，为的是整个团队的大发展，以及为个人奠定有利的提升基础。

（3）信任是合作的基石。团队是一个相互协作的群体，它需要团队成员之间建立相互信任的关系。信任是一种激励，信任更是一种力量。团队成员在承受压力和困惑时，要相互信赖，就像荡离了秋千的空中飞人一样，他必须知道在绳的另一端有人在抓着他；团队成员在面临危机与挑战时，也要相互信任，就像合作猎捕猛兽的猎人一样，必须不存私心，共同行动。否则，到最后，这个团队以及这个团队的成员只会一事无成、毫无建树。

个人的能力再强，工作做得再出色，也不能离开团队这个大的环境。因此，团队成员只有相互信任、主动做事、乐于分享，才能共同成长，共达成功的彼岸。

高效团队的一个重要特征就是团队成员之间相互信任。也就是说，团队成员彼此相信对方的品格、个性、特点和工作能力。这种信任可以在团队内部创造高度互信的互动能量；这种信任将使团队成员乐于付出，相信团队的目标并为之付出自己的责任与激情。信任是缔造团队向前的动力，它同时也是团队成员对自身能力的高度自信。

（4）敢于沟通、勤于沟通、善于沟通。从古至今，中国人一直将“少说话，多做事”、“沉默是金”奉为瑰宝，认为埋头苦干才是事业走向辉煌的制胜法宝，忽略了一个人身在团队之中，良好的沟通是一种必备的能力。作为团队，成员间的沟通是保持团队有效沟通和旺盛生命力的必要条件；作为个体，要想在团队中获得成功，沟通是最基本的要求。沟通是团队成员获得职位、有效管理、工作成功的必备技能之一。

在很多人的头脑中，都不能容忍另类思维的存在。于是，在追寻真理的过程中，我们不断重复着“瞎子摸象”的游戏，也许你摸到了“墙”，我摸到了“绳子”，他摸到了“柱子”……而每个人都抱着固有的思维不放，顽固地坚持着自己的意见，不管这个意见是否全面、具体。因此，沟通在团队工作中是非常重要的。现代社会是个开放的社会，当你有了好想法、好建议时，要通过沟通尽快让别人了解、让上级采纳，为团队做贡献。否则，不论你有多么新奇的观点和重要的想法，都几乎等于没有。持续而有效的沟通，是使团队成员能够更好地发扬团队精神的最重要的能力。团队成员只有从自身做起，秉持对话精神，有方法、层次地发表意见并探讨问题，汇集经验和知识，才能凝聚团队共识，激发自身和团队的力量。

(5) 敢于负责，勇于担当。负责不仅意味着对自己负责，更意味着对团队负责、对团队成员负责，并将这种负责精神落实到每一个工作的细节之中。团队在运作过程中，难免出现失误，若是每次出现错误都互相推卸责任，那么这个团队就没有存在的价值。并且一个对团队工作不负责任的人，往往是一个缺乏自信的人，也是一个无法体会快乐真谛的人。要知道，当你将责任推给他人时，实际上也是将自己的快乐和信息转移给了他人。任何有利团队荣誉、有损团队利益的事情，与每一个团队成员都是息息相关的，所有的人都拥有不可推卸的责任。公司中，如果有谁说那不是我的责任之类的话，应该立刻把他开除，因为这种人显然对整个团队没有足够的专注和忠诚，缺乏责任心。

(6) 诚信是团队合作的基石。古人说：人无信则不立。说的是一个人为人处世若不诚实，不讲信用，就不能在社会上立足和建功立业。诚信，是做人的基本准则，也是作为一名团队成员所应具备的基本价值理念，它是高于一切的。没有合格的诚信精神，就不可能塑造出一个良好的个人形象，也就无法得到上司和团队伙伴的信赖，也就失去了与人竞争的资本。唯有诚信，才能让你在竞争中得道多助。团队精神应该建立在团队成员之间相互信任的基础上。而只有当你做到了“言必信，行必果”时，你才能真正赢得同伴的广泛信赖，同时也为自己事业的兴盛发达注入了活力。

团队精神不是集体主义，不是泯灭个性、扼杀独立思考。一个好的团队，应该鼓励和正确引导成员个人能力的最大发挥。团队成员个人能力的最大发挥，其实是个人英雄主义的最好体现。个人英雄主义在工作中除了表现为个性的彰显外，更包含有创造性地工作，以及勇于面对压力和敢于承担责任的勇气。团队若能给团队成员提供一个充分施展、表现自己才能的机会，那么团队将会有永不枯竭的创新能力。

团队协作的核心是人，团队精神的核心在于协同合作，但团队不仅仅是人的集合，更是能量的结合与爆发。一个团队不能只依靠一个人的力量，重视一个人的力量，要依靠整个团队协作的力量创造奇迹，要着力打造一个优秀的团队，要始终把团队放在第一位，一切以团队的利益为主。

心理训练（一）“啄木鸟”行动

一、活动目的

（1）通过分析造成输赢的原因，激发学生“再做一次，会做得更好”的主动性。

（2）让学生在合作中体验竞争，在竞争中学会合作。

（3）让学生明确强化团队合作可以提高效率，改变思维方式可以产生质的飞跃的道理。

二、活动时间

大约需要 20 分钟。

三、活动道具

每人一根 20cm 左右长的塑料吸管、每组三根橡皮筋。

四、活动说明

（1）全班分成 4 组，每组 12 人，推荐产生一名组长。

（2）每人领取吸管一根，在组长带领下练习 5 分钟。

（3）每个人把吸管衔在嘴里，把双手放在背后，扮成“啄木鸟”，口衔吸管传递“虫子”（用三根橡皮筋替代）。

（4）每组 12 人分为 6 人对 6 人，相距 15 米迎面接力传递，只能在吸管间传递，不能用手，用时最少的组获胜。

五、注意事项

（1）每组人数以 12~16 人为宜，不太适宜男女学生混合编组。

（2）强调不能用手帮忙，如出现橡皮筋掉落的情况，一定在原地由本人捡起后重新开始。

（3）提供的吸管可以有多种规格，不同长度、不同粗细等，但各组之间的规格、数量相同，以示公平。

（4）在不违背游戏规则的基础上，默认具有创造性的方法。

心灵感悟

写出自己参加此心理训练项目的感悟。

心理训练（二）联合舰队

一、活动目的

体现团队队员之间的配合与信任，锻炼大家团队合作能力及协调能力。

二、活动时间

30~40 分钟。

三、活动道具

绑带。

四、活动说明

以 6~8 人为一组，分成若干组。每小组各站成一横排，相邻的人把腿系在一起，一起跑向终点，用时最少的一组胜出，抽签决定比赛次序。

五、注意事项

（1）注意活动中的个人安全。
（2）指导老师跟在队伍旁边监控安全。
（3）在整个过程中严格遵守角色的分配。
（4）合理设定路径，既要安全又要有难度。

心灵感悟

写出自己参加此心理训练项目的感悟。

心理训练（三）珠行万里

一、活动目的

（1）感受团队间有效的配合，衔接以及自我控制能力。

（2）为共同的目的及团队的责任感做好每一个环节。

二、活动时间

20~30 分钟。

三、活动道具

红色 PVC 槽、黄色 PVC 槽、高尔夫球。

四、活动说明

团队中的每一个队员手拿一根半圆形球槽，将球传送到下一个队员的球槽中并迅速排到队伍的末端，继续传送前方队员传来的球，直到球安全地到达指定的目的地为止。

五、注意事项

（1）稳住就是速度，欲速则不达，心态决定结果。

（2）培养规则和纪律意识，规则不是惩罚而是保护。

心灵感悟

写出自己参加此心理训练项目的感悟。

心理训练（四）袋鼠跳

一、活动目的

“袋鼠跳”项目，是比较受团体成员欢迎的一项户外游戏，不仅能锻炼大家的身体，还能锻炼团体成员们的团队合作能力及协调能力。

二、活动时间

大约需要 25 分钟。

三、活动道具

帆布袋。

四、活动说明

（1）每组比赛四队参加，每队 10 人，全部由男生组成。每支队伍平均分为 A、B 两个小队，相向各排成一纵队。

（2）比赛开始前，每组 A 队的第一名队员将布袋套至腰部，听裁判员发令后向 B 队前进，中途布袋不得脱离双腿，至 B 队时脱去布袋，由 B 队队员套上布袋向 A 队前进，如上述循环直至最后一名队员。

（3）比赛过程中，如有摔倒可以自行爬起，但布袋必须始终套在腿上，如有滑落必须重新套上后方可继续比赛。从开始脱下布袋交接，至下一名队员的布袋完全套好前，整个交接过程必须在跑道端线以外进行，不能越线。

（4）所有队的比赛结束后，以用时较短的次序排出前三支队伍。

五、注意事项

在游戏结束之后可以引导学员进行以下思考：

（1）体会团队成员间步调一致、全力以赴的精神。

（2）懂得跌倒了要爬起来的意义。

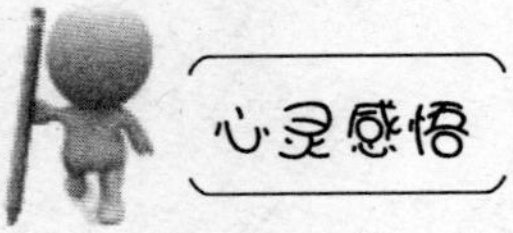

写出自己参加此心理训练项目的感悟。

心理训练（五）有轨电车

一、活动目的

（1）培养队员间团结一致的精神，和共同解决困难的能力。

（2）训练团队在短时间里建立统一指令、达成一致行动。

（3）体验领导的作用对集体的影响以及指挥与服从意识的培养。

（4）学习在条件限制与手忙脚乱的情景下进行良好沟通的方法。

二、活动时间

30 分钟。

三、活动道具

两块木板（长 3.6 米、宽 0.15 米）及提拉绳。

四、活动说明

（1）学生按照轨道上绳的数量站在轨道上，多余的学生做安全保护。听到开始的发令后比赛。赛前练习非常重要。

（2）活动中要保持步调一致，遇到情况及时调整，如果调整不及出现摔倒状况，手要扔掉绳子，同时大声告诉队友停止前进。

（3）不要把绳子缠绕在手上，失去平衡的时候要把脚向两侧踏，不要向中间。

（4）首先分开练习，然后比赛。没有参与的学生一定要做好保护，同时注意观察自己队伍有什么问题及时改进。

如果有指挥，最好是参加的学生指挥，不要在不默契的时候由旁观学生指挥。

五、注意事项

（1）尽量安排在平整的场地。

（2）避免学生在操作的过程中速度过快，如果安排拐弯，拐弯处要防止侧滑。

（3）教师一定要在距学生约 1.5 米处观察以做好安全防护准备。

（4）有人失去平衡或者倒地后其他学生不要剧烈提放电车，倒地学生不要用手扶电车。

心灵感悟

写出自己参加此心理训练项目的感悟。

7 创新思维，开拓进取

创新是一个民族发展的灵魂，是人类发展的不竭动力。作为新时代的中职生，不应仅满足于传承传统的技能和工艺，还应发挥个人独特的创新意识与创新思维，提高创新能力，开拓进取，让技术技能得到创新发展。

心理导航

7.1 创新

创新是指以现有的思维模式提出有别于常规或常人思路的见解为导向，利用现有的知识和物质，在特定的环境中，本着理想化需要或为满足社会需求，而改进或创造新的事物、方法、元素、路径、环境，并能获得一定有益效果的行为。

创新有三层含义：第一，更新；第二，创造新的东西；第三，改变。创新是人类特有的认识能力和实践能力，是人类主观能动性的高级表现，是推动民族进步和社会发展的不竭动力。

创新涵盖众多领域，包括政治、军事、经济、社会、文化、科技等各个领域的创新。科技创新是社会生产力发展的源泉。科技创新涵盖自然科学知识的新发现、技术工艺的创新等方面。创新突出体现在三大领域：学科领域，表现为知识创新；行业领域，表现为技术创新；职业领域，表现为制度创新。

企业的持续发展离不开创新。我国著名企业海尔集团，它的企业文化的核心就是创新。海尔文化以观念创新为先导、以战略创新为方向、以组织创新为保障、以技术创新为手段、以市场创新为目标，伴随着海尔从小到大、从大到强、从中国走向世界。海尔文化本身也在不断创新、发展，是在海尔二十年发展历程中产生和逐渐形成特色的文化体系。

人类社会从简单到复杂、从低级到高级、从原始到现代的进化过程，就是一个不断创新的历程。当今社会快速发展，日新月异，我们不创新就会落后于人。习近平总书记指出，我国科技事业发展的目标是，到 2020 年时使我国进入创新型国家行列，到 2030 年时使我国进入创新型国家前列，到新中国成立 100 年时使我国成为世界科技强国。

7.2 创新思维

要创新，就应有创新思维。没有创新的思维方式，就没有创新的行动和实践。

7.2.1 思维与创新思维

思维是人脑对客观事物的本质和事物之间内在联系的认识。思维是大脑对外界事物的信息进行复杂加工的过程，分析、综合、抽象、概括是思维操作的基本形式。

创新思维是指以新颖独创的方法解决问题的思维过程，这种思维能突破常规思维的界限，以超常规甚至反常规的方法、视角思考问题，提出与众不同的解决方案，从而产生新颖的、独到的、有社会意义的思维成果。从本质上说，创新是创新思维蓝图的外化。创新思维的本质在于将创新意识的感性意愿提升到理性的探索上，实现创新活动由感性认识到理性思考的飞跃。一个民族要想走在时代的前列，就一刻也不能没有创新思维，一刻也不能停止创新活动。

创新思维也称创新实践，是创造力发挥的前提。思路决定出路，格局决定结局。举个简单的案例，在大家都熟知的美国电影《泰坦尼克号》中有一个致命的思维错误就是人们认为船造得越大就越不会沉，越不会翻船。在这个错误的思维的影响下，船上没有携带足够救生艇和救生衣，连船员用于查看冰山的望远镜也没有带。船员在肉眼看到冰山时，想改变航行方向却已经无能为力了。船撞到了冰山上，船沉了。这是一个惨痛的教训。

美国心理学家罗杰斯指出：创造力人人都有，至少创造的潜能人人都有。人的创造潜能的释放，主要依赖于人的自主创造和创造动机。

7.2.2　培养创新思维的关键

现在社会的发展日新月异，市场竞争日益激烈。部分职业院校的毕业生虽然掌握一定的技能，但由于缺乏创新能力，在岗位竞争中或技术更新换代中被淘汰。因此，中职生不仅要具备专业知识和技能，还需要有创新思维和创新能力。

（1）要学会打破思维惯性。习惯性思维，即传统性思维，也称思维惯性。有这样一个例子，老师问同学们："同学们，有一个聋哑人，又聋又哑，说不出话来，也听不见声音。他到五金商店去买一个钉子，这时他应该怎么办?""比划。""好，这时人家给他一个锤子。他摇手，不，他是要买钉子，他就使劲比划很小的东西，这时老板看懂了，有可能是钉子，就给他了，他非常高兴，点头，笑了。"老师接着说："同学们，下面又有一个盲人，他要买剪刀，他应该怎么用最简洁的方式表达呢?"那个同学们说："老师，老师，我知道，不能那样比划了，要这样比划。"一边说一边做着动作，全班同学都赞成他比划的样子。但是老师说："他不需要比划，他直接说买剪刀就可以了，虽然他是盲人，但他是可以讲话的啊。"同学们恍然大悟。要创新，就不能禁锢自己的思维，要学会打破思维惯性，学会站在格子外去思考，这样答案或者解决问题的方法很快就会被发掘出来。在面对新情况新问题时，我们不是凭经验翻老黄历，不是循旧例找教科书，而是努力想新办法、找新出路。只有掌握了创新的内在规律和诀窍，我们才算是真正拥有了创新思维。

要打破惯性思维，需善于思考，敢于质疑。古人说：学贵质疑，大疑则大进，小疑则小进。质疑的结果不在于是否能把所有问题解决，而在于通过质疑，真正启动了思维过程，培养了自己勇于思考、善于思考的能力。在面对问题时，要多思考，敢于质疑，这是锻炼自己动脑筋、勇创新的渠道之一。

（2）自主学习意识是创新的心理基础。一个人处在"自觉自愿"状态时，他的主观能动性比较强，常有顿悟与灵感，潜能容易发挥与表现。因此开展自主学习，是进行创新教育的重要途径。但是我们多数中职生的学习方法仍停留于初中阶段的死记硬背、直线思维，没有成为学习的"主人"。因此培养自我的自主学习意识，是进行创新的首要任务。

（3）想象力是创造力的核心。早在古希腊时代，亚里士多德就指出："想象力是发现、发明等一切创造活动的源泉。"爱因斯坦也说过："想象力比知识更重要，因为知识是有限的，而想象力概括世界的一切，推动进步，并且是知识进化的源泉。"没有想象力，就没有创造力。

当有学生发现和提出含有某种创新因素的"新奇"问题的时候，如若自己不能独立解决，便可把它作为一个有意义的问题，跟全体同学去分享，大家共同思考，营造一种勇于大胆想象、喜爱独立思考的良好环境，使得同学们都可以在这种良好的环境中逐步养成勇于创新的意识和敢于创新的能力。

无论做什么事都是要坚持，持之以恒才是做事成功的法宝，培养创新思维、提升创新能力也一样，绝不是一朝一夕即可成功的。只有让创新思维成为一种习惯和本能，我们才可能以求新求变的活力冲破守成的暮气，在进退两难的纠结中闯出一片新的天地。

7.3 开拓进取，做创新型人才

创新，要靠人才。部分人对创新型人才存在偏见，认为只有科研院所、研究型高校才能培养出创新型人才。其实，职业教育是培养技术技能人才的摇篮，也可以培养创新型人才。中职学生一样可以成为创新型人才。

7.3.1 创新需要人才

中职生未来是企业生产一线技术技能岗位的主力军，是未来的"大国工匠"，是未来技术技能革新的新生力量。中职生具有朝气蓬勃、思维活跃的性格特点，具有强烈的好奇心和探索精神，喜欢标新立异。凡是他们觉得新鲜的东西就想了解，凡是他们喜好的就会去做。一个人的潜能是无限的，这种好奇心要好好利用，要树立创新的理念，培养创新思维；积极学习和探索新的技术技能，提高创新能力，赢得成功的职业生涯。

"工人专家"李斌是上海某公司的数控机床调试工，他技校毕业以后到该公司工作 27 年，从一名普通操作技工、数控技师、高级技师，逐步成长为一位专家型的技术工人，是中华技能大奖、全国五一劳动奖章获得者。他参加工作以来，一方面在师傅们的指导下，勤学苦练技术，逐步掌握车、钳、磨、铣等金属切削加工技术，逐步掌握工装夹具、机械维修等技术；另一方面，利用业余时间，提高专业知识水平，先后取得了机械电子工程本科学历。这为他以后的发展打下了良好的基础。李斌始终立足生产一线，不断学习和掌握当今数控科技领域新技术，以过硬的本领，在数控加工、刀具革新及产品的技术攻关上，创造了可观的经济效益。多年来，在他的带领下，企业成功开发了 5 种类型、17 台进口设备的加工功能，产品攻关 57 项，创造了 2200 多万元的经济效益。“全国十大能工巧匠”——“焊接巧匠”高凤林，在火箭发动机焊接岗位上，刻苦钻研、大胆创新，实现技术革新近百项。中国航空工业集团公司某研究院“革新高手”、中华技能大赛第一名获得者鲁宏勋，在技校毕业后，在岗位中钻研技术多年，在科研生产中，先后实现百种工装夹具和工艺方法革新，为我国空空导弹重点产品成功研制做出了突出贡献。这些“大国工匠”是中职毕业生的杰出代表，他们是技术能手，也是创新能手。他们的成长成才历程值得中职学生思考和学习。

7.3.2 培养创新思维的途径

中职生要培养创新思维和创新能力，要采取多种方式和途径。

加强学习，勇于探索。中职生可以通过课堂教学、自学等方式，丰富自己的知识和技能；可以利用图书馆、电视和网络等途径，丰富自己的兴趣、爱好；对自己感兴趣的知识技能和事物，要敢于探索、勇于探索，并在探索活动中丰富和积累知识经验，发展自己的创新思维和能力。

对于现在的中职学生来说，动手能力强是一大特点。因此，在实习实训期间，学生要理论与实践相结合，学以致用，提高实践能力和创新能力。中职生要积极参加社会实践活动，培养科学精神、科学态度，锻炼思维，提高正确分析问题、解决问题的能力。

除智力因素外，影响人的认知过程的其他心理因素都称为非智力因素，如兴趣、热情、意志力、承受挫折能力等。创新思维的培养不应忽视非智力因素的作用。兴趣是创新思维发展的恒动力，热情是创新思维发展的翅膀，坚强的意志是创新思维发展的保证。因此，鼓励中职生积极参加社团活动，有意识地培养学习兴趣，锻炼坚强的意志力，从而使其创新思维更好地生根、发芽、开花、结果。

中职生创新思维与能力的培养，离不开原生家庭的辅助。中职生要与家长一起，有意识地培养自主性。

心理训练

心理训练（一）造房子

一、活动目的

（1）让学生学会根据自己的能力，在团队中找到最合适的角色位置，学会创新思维。

（2）在团队活动中培养学生遇事冷静、理智，寻找规律，克服盲目与盲从。

二、活动时间

大约需要 25 分钟。

三、活动道具

眼罩，10 米、15 米、18 米绳子。

四、活动说明

（1）请 15 名学生参加游戏，发给每人一只眼罩，戴好眼罩后自主分组，每组 5 人共三组。

（2）教师交给每组一根绳子，明确要求完成正方形、圆、三角形中的一种平面造型。

（3）三个小组成员在戴上眼罩、不用语言沟通的情况下，用绳子分别拉出一个正方形（18 米绳）、圆（12 米绳）、三角形（10 米绳），通过场外学生的鼓掌确定完成。

（4）最后要求三个组将自己的图形与其他组的图形拼出房子的造型，此时学生仍戴着眼罩，但可以用语言交流完成。

（5）参加游戏的学生与场外学生交流感受。

五、注意事项

（1）三个组在完成正方形、圆、三角形时的速度是不一样的，主持人要控制好时间，不然最后的“造房子”无法完成。

（2）完成小组图形时强调不能用语言交流，看看是否会自发产生“指挥者”，三组合作时允许语言交流，看看是否会出现“七嘴八舌”，最后又是如何统一的。

（3）在全体交流时，除了让学生谈谈活动感受外，要启发学生谈谈拉出三个图形的不同规律、“房子”构型的确定。

心灵感悟

写出自己参加此心理训练项目的感悟。

心理训练（二）传球夺秒

一、活动目的

（1）让学生体验到团队合作能够提高效率。

（2）在实践探索中培养学生创新意识，开发创新智慧。

二、活动时间

大约需要 20 分钟。

三、活动道具

彩色小球、秒表。

四、活动说明

（1）将队员分成若干个 8 人组，每组推选一名组长，每个小组从教师处领取彩色小球一只。

（2）教师宣布游戏规则：每个组员都要接（接触）球，但前后接（接触）球人不可以是相邻者，以每个成员均接（接触）过球时间最短的组为胜。

（3）计时员用秒表为各个组计，完成一轮计时后，请各小组作演示。

（4）主持人要启发大家用更快、更好的方法取胜，最终请用时最少的前三个小组同学做全班分享。

五、注意事项

（1）开始各小组均采用“传”的方法，因为配合不好，所以速度不快，所以第一步要让学生们体验合作提高效率。

（2）要启发学生分析原因、吸取教训、总结经验，在训练合作的基础上，不断开拓，尝试改变方法的优越性。

（3）及时宣布不断被刷新的用时新纪录，提示改变方法，提高速度，不断宣布产生的新方法。要注重过程而不是结果，所以教师不要急于公布最佳方法，对新思路、新方法要质疑、验证，在探索的基础上获得成功。

心灵感悟

写出自己参加此心理训练项目的感悟。

____

____

____

____

____

____

心理训练（三）比比谁高

一、活动目的

（1）通过游戏训练学生思维，发挥集体智慧，激发个人的想象力、创造力。

（2）让学生体验在合作中竞争，在竞争中合作。

（3）倡导学生的个性发展，认同多元化的评价标准。

二、活动时间

大约需要 20 分钟。

三、活动道具

扑克牌、吸管、回形针。

四、活动说明

（1）6个人为一组，领取材料：一副扑克牌，100根吸管，其中20根带弯头的，20只回形针。

（2）要求在10分钟内利用现有材料搭建有高度的作品，并且命名。

（3）各组派一个学生讲解搭建原理，根据最后的高度及综合结果（外形的美观、结构的稳固、用材的科学、创意的新奇等），评选出如“最高”、“最美观”、“最省材”、“最稳固”、“最新奇”等最佳作品。

五、注意事项

（1）三种材料均要用上，不可以只使用其中的部分材料。

（2）比最高是指直立高度，不可以倚靠墙面、钉在地面、人手扶立等。

各组派出一个学生组成“评委组”，分别到各组征求意见并评定最佳作品。

心灵感悟

写出自己参加此心理训练项目的感悟。

心理训练（四）平面魔方

一、活动目的

（1）让学生学会打破思维定势，体验合作创新。

（2）学会理性分析与寻找规律的探究方法。

二、活动时间

大约需要 15 分钟。

三、活动道具

数字牌、胸卡、9 格的喷绘图（2m×2m）。

四、活动说明

（1）分组，每组 8 人。

（2）8 位同学手持数字牌按顺序分别站在由九个方框组成的正方形内（最后一个方框为机动位置），经过一番移动，每次只能移动一个格，将最初序号和最末空白序号颠倒过来，如图 7-1 所示。

（3）方法不限，方法多者获胜。

1	2	3
6	5	4
7	8	

(a)

	8	7
4	5	6
3	2	1

(b)

图 7-1　数字牌顺序

（a）初始位置；（b）最终位置

五、注意事项

（1）提醒同学看清“初始位置”与“目标位置”的关系，为“S”形。假如小组成员顺利完成了移位任务，也可以鼓励同学试一试“三”形（见图7-2）。

	8	7
6	5	4
3	2	1

图 7-2 “三”形数字牌顺序

比较两种情况有何不同。

（2）在活动中教师观察“领导者”的产生过程和“领导者”的管理水平、组员间的合作态度与效率。

（3）做好各小组之间的平衡，对误入“绝境”的小组给予适度的指点。

心灵感悟

写出自己参加此心理训练项目的感悟。

心理训练（五）雷区取水

一、活动目的

提高队员组织、沟通和协作的能力和技巧，团队的领导艺术和技巧，人力资源的合理分配和运用；认识行动之前的讨论和计划对于事情成败起的重要作用；培养队员处理事情的良好的计划性和条理性；培养队员的集体荣誉感，勇于奉献的团队精神，不断尝试的创新精神。

二、活动时间

20 分钟。

三、活动道具

一条边界绳、两条队员用的绳、两个矿泉水瓶（其中一个有水，一个没有）。

四、活动说明

队员在规定时间内，用三种以上不同的方法从雷区内把三件宝物取出来。在一个直径 5 米的雷区中间有一个水源（瓶装矿泉水），要在仅用一根绳子，不接触地面的情况下取到全体队员的救命水，可能吗？在关乎生死的环境中，只有高效率、能迅速达成共识、并勇于尝试的团队才能险中取胜。

五、注意事项

（1）教师要讲清规则。

（2）可以把水瓶拿出雷区。

（3）类似的办法不能再用。

心灵感悟

写出自己参加此心理训练项目的感悟。

心理训练（六）交通阻塞

一、活动目的

（1）增强挫折耐受力，增强学习自信心。

（2）培养严谨作风。

（3）体验自我潜能。

（4）增强策略意识。

二、活动时间

30 分钟。

三、活动道具

塑胶地垫。

四、活动说明

（1）将塑胶地垫呈一字形在地上铺开，让学员全部站在地垫上，留中间一个地垫作为空格不站人。

（2）学员分成两边相对而站，通过中间的空格进行移动。

（3）移动的方式是只能前进一格或跳一格，不能后退。

（4）完成两边人的互换，并且大家维持同一个方向。

五、注意事项

（1）每次只能有一个人进行移动。

（2）人只能前进不能后退。

（3）人不能离开方格。

（4）每次只能绕过对方一个人，不能绕过两个人以上。

（5）一个方格内只能有一个人。

心灵感悟

写出自己参加此心理训练项目的感悟。

8 职业心理，成功必备

中职生的生理和心理处于快速发展和变化中，他们初步了解社会、积累生活经验，逐渐形成了自己的价值观，开始结合自身的兴趣、能力和条件考虑职业。职业心理素质是一个人在职场中应该具备的一项很重要的素质。中职生只有具备健康的职业心理，才能规划好职业生涯，赢得自己的职业人生。

心理导航

8.1 职业及发展

作为职业院校的一名学生，应该了解什么是职业，什么是职业发展，这样才能树立正确的职业理想，做好职业生涯规划。

8.1.1 职业

每个人都要从事一定的职业，求职择业是每名毕业生人生中的又一次起跑。职业是人们在社会中所从事的作为主要生活来源的工作，通常也称为工作岗位。职业是一种社会分工，是劳动者获得的社会角色。对于个人而言，职业选择是否合适、职业生涯是否成功，对人的一生发展、幸福生活具有非常重要的影响；对于社会而言，职业和职业活动构成了人类的社会生活，它是社会存在和发展的基础，是实现社会稳定、人民安居乐业的基本手段。随着社会的发展，社会分工越来越细，职业种类越来越多。国家人力资源和社会保障部 2015 年颁布的《中华人民共和国职业分类大典》，将我国职业分为 8 个大类、75 个中类、434 个小类、1481 个职业。每种职业都要求劳动者具有一定的知识和技能、良好的职业道德和健康的心理。

8.1.2 职业发展理论

职业发展在人的生活中是个连续、长期的过程。人们的职业态度从童年就开始孕育，并随着年龄、经历和教育的变化而变化。美国职业指导专家萨帕在职业生涯发展阶段理论中，将人的职业发展分为五个既相互区别又相互联系的阶段。

（1）成长阶段（1~14岁）。在这一阶段，儿童通过尝试各种不同的行为方式来表达自己的需要，逐渐建立起自我概念或个性。这一时期，他们通过对现实世界多次的尝试，不断修饰自己的角色。

（2）探索阶段（15~24岁）。这一时期属于学习打基础的阶段。该阶段的青少年，通过学校的社会实践、社团活动、兼职打工等机会，对自我能力及角色、职业进行探索，他们将尝试多种可能的职业选择，职业选择范围宽、弹性大。随着个人对职业和自我的进一步了解，他们往往会重新界定最初的选择。

（3）创立阶段（24~44岁）。这是大多数人工作生命周期中的核心部分。在这期间，多数人通过上一阶段的探索和尝试，找到了合适的职业并全力以赴地投入其中。

（4）维持阶段（45~60岁）。这个阶段属于升迁和专精阶段，人们一般已在自己的工作领域中为自己创立了一席之地，并会面对新人的挑战。

（5）衰退阶段（60岁以上）。随着人体生理和心理机能的衰退，人们不得不从职业中隐退，达到退休阶段。

美国学者金斯伯格（E. Ginzberg）将职业生涯分为三个阶段：幻想期、尝试期和现实期。从11岁到17岁是尝试期，是从少年向青年过渡的时期。此阶段青少年生理和心理在快速发展和变化，知识和能力得到增长，逐渐形成自己的价值观，初步了解社会、积累生活经验，开始结合自身的兴趣、能力和条件考虑职业。现实期指18岁以后的青年期和成年期，人们在这个时期能客观地将职业愿望和实现条件结合起来，有具体和现实的职业目标。

虽然不同的学者对职业发展阶段有不同的划分方式，但他们划分的规律基本上是一致的，就是要认识职业生涯规律、了解各阶段的特征，然后制定比较合理、适合自己的职业生涯规划。中职生大多处在 15~17 岁之间，高职生大多处于 18~21 岁之间，基本处于职业探索、尝试阶段，往往是在幻想、讨论、学习、兼职工作中对职业进行尝试。中职生在学校生活中，要把握好青春年华这一段美好时光，认真读书、锻炼职业技能、提升能力，为职业生涯的开始打下坚实的基础；要积极参加社会实践活动、社团活动、企业定岗实习活动，在活动中认识自己的能力和职业兴趣，以便选择适合自己的职业。

8.2 职业理想与规划

职业发展具有可规划性、不可逆转性和阶段性。规划职业生涯，是对职业发展进行战略性的把握，可以克服职业生涯发展中的盲目性，通过职业生涯规划一步一步实现自己的职业理想。

8.2.1 职业理想

职业理想是个人对未来所从事职业的向往和追求，是职业发展的动力，是人生目标的重要组成部分。职业理想具有导向作用、调节作用、激励作用。中职生在对职业的尝试和探索中，一定要树立职业理想，以职业理想指引自己的发展和职业探索。部分中职生存在自信心不足、对职业认识不足等问题，从而缺乏职业理想，导致在学习知识、锻炼技能、提升能力等方面动力不足，得过且过，未能学好一技之长。

我国著名的桥梁专家、工程院院士茅以升先生，从小好学上进、善于独立思考，他 10 岁那年在家乡看龙舟比赛时，看到由于人太多把桥压塌而致使多人被砸死、淹死，他就暗下决心：长大了一定要造出最结实的桥。通过多年的努力学习，他学有所成。1933 年至 1937 年，茅以升主持修建我国第一座公路铁路兼用的现代化大桥——“钱塘江大桥”。1955 年至 1957 年，他任武汉长江大桥技术顾问委员会主任委员，修建了武汉长江大桥。茅以升为国家桥梁事业奉献了一生，也实现了自己的职业理想。

著名“高铁工匠”宁允展，出身于工匠家庭，在身为工匠的父亲的耳濡目染中，从小就喜欢手艺。1991 年，19 岁的宁允展从铁路技校毕业，进入四方机车车辆厂（南车四方股份公司前身），从事车辆钳工工作，一干就是 24 年。他善钻研、爱钻研，扎根生产一线，不断承接公司大量实效性和针对性的生产制造攻关课题。从业 24 年来，从他手中出去的产品创造了 10 年无次品的纪录，他为高铁列车的高质量生产做出了突出贡献。目前，他是高铁首席研磨师，国内第一位从事高铁转向架“定位臂”研磨的工人，也是这道工序最高技能水平的代表，被同行称为“鼻祖”，从他和他的团队手中研磨的转向架装上了 673 列高速动车组，奔驰 9 亿多公里。宁允展有着与很多人不同的追求，一心一意做手艺，不当班长不当官，扎根一线 24 年。“我不是完人，但我的产品一定是完美的。做到这一点，需要一辈子踏踏实实做手艺。”这是宁允展的信条。他的梦想就是自己研磨的高速列车走出国门，驰骋世界！

从上述两个故事中，我们能看出职业理想的作用和重要性。

中职生树立了正确的职业理想，那么无论是在顺境还是在逆境，都会奋发进取，勇往直前。中职生要抛弃自卑心理、从众心理，要结合自身特点和实际，树立积极向上、符合社会需要、顺应时代发展的职业理想。

8.2.2 职业生涯规划

每个人所处的情况、个体差异不同，职业发展道路也不同，中职生应该根据自身特点、兴趣、能力等，结合社会需要，选择自己的职业，做好自己的职业生涯规划。

人的一生是不可逆的，职业生涯发展也是不可逆的，因此每一次职业选择都非常重要。虽然大多人有职业理想，但职业理想不等于理想职业。每个人都应根据自己的理想、结合实际情况，选择自己的职业。在择业过程中，要注意下面几种心理误区：

（1）“怀才不遇”心理。自认为能力强、自视清高，却找不到相应的“好工作”。

（2）“恐惧焦虑”心理。因为一时难以找到合适的工作，或对于未来不可预期而形成的心理焦虑，忧心忡忡、烦躁不安。

（3）“盲目从众”心理。选择职业脱离自己的实际，盲目跟随别人，有时仅仅盯住热门职业而不考虑自己的职业理想和职业规划。

（4）“固执狭隘”心理。在求职择业时不能变通，仅仅锁定某一专业、工种或职位。

要避免以上误区，中职生应该正视自己的能力，了解自己的性格特点，关键是做好自己的职业规划，通过一步一步的职业发展实现自己的职业理想；在实际求职择业中，要有变通，很多时候需要“骑驴找马”。

职业生涯规划是实现职业理想的重要方式。良好的职业生涯规划应具备以下特点：

（1）可行性。职业生涯规划应以事实为依据，不能是幻想、空想或妄想。这就要求中职生多了解社会发展和企业发展。

（2）实时性。规划是对未来的安排和预测，要对规划中的每个阶段有一个时间期限和目标。这要求中职生要在学习、生活、积累社会经验过程中，展望未来。

（3）适应性。未来有很多不确定性或变化性，规划应考虑到变化和弹性。这要求中职生在规划中，要考虑到职业选择和职业生涯不会是一帆风顺的，要考虑到问题和难题，学会变通，在变通中实现职业理想。

（4）持续性。规划的不同阶段应该是持续连贯的。职业生涯是一个连续的过程，所以要求中职生要用发展的眼光、连续的思维考虑职业生涯，坚持自己的理想。

8.3 健康职业心理

人们在选择职业、谋求职业、获得职业或者失业、再就业等职业活动过程中，必然伴随着心理过程。健康的职业心理，可以弥补自身能力、学识方面的某些不足，在职场中获得更多的机会。

8.3.1 认识职业心理

职业心理是人们在职业活动中表现出的认识、情感、意志等相对稳定的心理倾向或个性特征。职业心理可分为择业心理、求职心理、就业心理、失业心理、再就业心理等。良好的择业心理，利于选择适合自己的职业；正确的职业态度可以引导从业者积极乐观地接受工作中的挑战，良好的职业情商可以积极调动情绪，建立良好的人际关系。

8.3.2 选择适合自己的职业

树立合理的职业理想、选择适合自己的职业，要认识自己的能力和强项，要了解自己的兴趣、性格、气质、能力和职业价值取向，这样才能扬长避短、目标明确地发展自己的职业。

（1）扬长避短。中职生一定要正视不足、认识自己的强项，树立正确的能力观、人才观。著名心理学家霍华德·加德纳（Howard Gardner）指出人类智能有8种类型：言语-语言智能、音乐-节奏智能、逻辑-数理智能、视觉-空间智能、身体-动觉智能、自知-自省智能、交往-交流智能、自然观察智能。每个人在这8种智能上所拥有的量参差不齐，且组合和运用它们的方式各不相同，所以每个人都有其强项和弱项。中职生要善于发现自己的弱项和强项，补足短板，发挥长项，深信“天生我才必有用”、“行行出状元”，在职业生涯中闯出自己的一片天地。

（2）人与职业的匹配。在树立职业理想、求职择业中，要考虑自己与职业匹配的问题。人与职业的匹配，需要考虑多方面的因素，如人的性格与职业的匹配、人的气质与职业的匹配、人的能力与职业的匹配、人的价值观与职业的匹配。美国著名的职业指导专家约翰·霍兰德（John Hollond）创立的人职匹配理论，将人格及与其相对应的社会职业划分为六种基本类型（见表8-1），并以此建立了目前应用最广泛的霍兰德职业兴趣测验。霍兰德认为，理想的职业选择就是人格类型、职业兴趣与职业环境相适应。

表 8-1　人格类型与职业类型的关系

人格类型	特点	职业倾向
现实型（R）	物质的、实际的、安定的；喜欢具有基本技能、有规则的具体劳动；缺乏洞察力、不善与人交往	有一定程序要求的、明确的、具体的岗位职务，运用手工工具或机械进行的操作性强的技术性工作
研究型（I）	分析的、独立的、内省的、慎重的；喜好运用智力通过分析、概括、推理的定向的科学研究与技术工作；缺乏领导能力	以观察和科学分析进行的系统的创造性活动和实验工作，一般侧重于自然科学方面
艺术型（A）	想象力丰富、知觉的、冲动的、理想的、有独创力的；喜欢以表现技巧来抒发丰富的感情；缺乏事务性办事能力，不愿依赖、服从他人，不愿做循规蹈矩的工作	在文学与艺术方面，通过非系统化的自由的活动方式，擅长具有艺术表现力的职业
社会型（S）	助人的、易于合作、喜欢交往、责任感强、有说服力、愿为别人服务；关心社会问题，对教育和社会福利等事业有兴趣；缺乏动手操作能力	为社会及他人办事或服务，从事与人打交道的、说服、教育、治疗及社会福利事业方面的职业
管理型（E）	支配的、冒险的、自信的、精力旺盛的、有自我表现欲的；不易被人支配，喜欢管理和控制他人，喜欢担任领导角色；缺乏科学研究能力	从事具有风险、需要胆略、承担责任较大的工作，善于管理、营销、投资与主持指派他人去做工作的职业
常规型（C）	有耐心和良好的自制力；服从的、实际的、稳定而有秩序的；思想比较保守、循规蹈矩、有条有理，喜欢系统性强的工作；缺乏创造力和艺术性	按固定程序与规则，从事重复性、习惯性的、具体的日常事务，适宜常规管理方面的工作

没有最好的职业，只有适合自己的职业。在选择职业过程中，通过分析自己的性格、气质、能力，认识自己，掌握自己的职业倾向；通过了解社会、了解企

业，分析自己的价值观、社会及企业要求，掌握自己与组织的匹配程度。通过分析，选择适合自己的职业，赢得职业生涯。

8.3.3 应对挫折和倦怠

职业生涯不会一帆风顺。在求职择业中会遇到各种难题，这时要做好心理调适、做好心理准备。在职业初期，既要坚持自己的职业规划，选择自己的角色，也要喜欢自己的角色，“干一行爱一行”，不能三心二意频繁跳槽。在职业的稳定期，要保持进取心理，克服忌妒心理和自满心理、职业倦怠，在工作中取得一个又一个成果和业绩，将职业生涯推向一个又一个成功。

心理训练（一）职业倾向测试

一、活动目的

通过测试、分析，找到学生的职业倾向，便于做职业生涯规划。

二、活动地点

教室。

三、活动内容

每位同学认真填写《约翰·霍兰德人职匹配测试题》，分析自己的性格特点、能力、职业倾向。

四、活动方案

(1) 自我剖析。每位同学尝试在五分钟之内不断地想出关于自己的一切，并在表 8-2 写下自己的性格、气质、能力、职业理想。

表 8-2　自我剖析

项目	剖析	备注
性格特点		
气质		
能力强弱		
职业理想		

（2）用《约翰·霍兰德人职匹配测试题》测试自己的人格与职业匹配情况，写下测试结果。

____

____

____

____

（3）自我剖析结果与测试结果分析。

____

____

____

____

（4）对职业的初步规划。

____

____

____

____

心灵感悟

写出自己参加此心理训练项目的感悟。

心理训练（二）价值拍卖

一、活动目的

（1）激发学生思考自己的价值观念，学会抓住机会，不轻易放弃。

（2）帮助学生体验和澄清自己的人生态度。

二、活动时间

大约需要 25 分钟。

三、活动道具

PVC 拍卖牌　22 张、拍卖锤　1 个、道具钱（面额 500 元）100 张。

四、活动说明

（1）事前准备：将拍卖的东西事先写在硬纸板上（最好是不同的颜色），以增加拍卖的趣味性及方便拍卖进行。

（2）宣布游戏规则：每个学生手中有 5000 元（道具钱），它代表了一个人一生的时间和精力。每个人可以根据自己对人生的理解随意竞买下表中的东西。每样东西都有底价，每次出价都以500元为单位，价高者得到东西，有出价5000元的，立即成交。

（3）举行拍卖会。

1）由教师或学生主持拍卖。

2）按游戏方式进行，直到所有的东西都拍卖完为止，然后请学生认真考虑买回来的东西。

（4）讨论交流。

1）你是否后悔你买到的东西？为什么？

2）在拍卖的过程中，你的心情如何？

3）有没有同学什么都没有买？为什么不买？

4）你是否后悔自己刚才争取的东西太少？

5）争取过来的东西是否是你最想要的？

6）钱是否一定会带来快乐？

7）有没有一种东西比金钱更重要，或比金钱带来更大的满足感呢？

8）你是否甘愿为了金钱、名望而放弃一切呢？有没有除了比上面所说的这些更值得追寻的东西呢？

五、注意事项

（1）拍卖过程中，要注意纪律不能太乱，否则活动就成为乱哄哄的滑稽表演。

（2）有的学生可能会重复使用自己手中的代币券，主持人应注意提醒这些学生购买所付出的钱不能超过5000元。

心灵感悟

写出自己参加此心理训练项目的感悟。

心理训练（三）承担责任

一、活动目的

（1）让学生正确看待别人的错误，做好职业心理准备。

（2）让学生学会做一个负责任的人。

二、活动时间

大约需要 30 分钟。

三、活动道具

惩罚棒。

四、活动说明

（1）将全班同学分为不同的小组，每组 4 人，两人相向站着，另外两人相向蹲着，一个站着和一个蹲着的人是一组。

（2）站着的两个人进行“剪刀、石头、布”猜拳，猜拳胜者，则由和猜拳胜者一组蹲着的人用惩罚棒砸输的一组中蹲着的人（不许砸头）。

（3）输方轮换位置，即站着的人蹲下，蹲着的人站起来，继续开始下一局。

（4）若开始的新局中，上次胜方站着的人若在猜拳中输掉，则上次胜方蹲着的人要被上次输方站着的人用惩罚棒砸。

（5）在接下来的一局中，胜方也轮换位置，即原来站着的人蹲下，蹲着的人站起来，开始新的一局。

（6）活动可反复进行几个回合，可由小组成员自行决定。

（7）问题讨论：

1）如何看待自己的责任和别人的过错?

2）当自己的同伴失败的时候，有没有抱怨?

3）同组中的两个人有没有同心协力对付外面的压力?

五、注意事项

（1）作为对输方一组同学的惩罚，除了用惩罚棒砸外，可以采用刮鼻子、做俯卧撑等办法，具体数量可参考学生的实际能力大小。

（2）教师要注意观察失败一方两个同学在面临惩罚时所出现的情绪反应。

心灵感悟

写出自己参加此心理训练项目的感悟。

心理训练（四）命运之牌

一、活动目的

（1）让学生学会接纳自己，懂得珍惜现在所拥有的资源，感知幸福。

（2）让学生懂得“命运掌握在自己手中”，成就健康心理。

二、活动时间

大约需要 30 分钟。

三、活动道具

PVC 命运之牌 34 张。

四、活动说明

（1）教师指导语：由于受到出生环境等各种因素的限制，每个人的命运是不同的。有的同学可能对自己的家庭环境不满意，有的同学可能对自己的长相不满意，也有的同学可能对目前的自己不满意……

假定每个人能够获得第二次生命，每个人的命运可以重新选择。我手中有很多纸牌，每张牌就是命运的一种重新安排，它所包含的资料就是你新的生活资料，从现在起，你就是牌上的这个人。设想一下你处在这种情况下的命运，现在看看自己目前的处境、位置与假设的第二次人生选择的处境相比，有什么不同？

（2）教师把纸牌放在一个盒子里，让同学们随机抽取一张，不得更换。

（3）全班同学交流全新的“自己”，并询问是否满意牌上的“自己”。生命只有一次，你该怎样面对已经拥有的生活？

五、注意事项

（1）若有同学对自己抽取的纸牌不满意要求更换，教师可准备更差的纸牌，让图片显示比原牌更糟糕的生活，询问是否愿意更换。在游戏过程中，有的同学可能不太严肃认真，教师要及时给予提醒。

（2）教师可根据学生的实际情况设计纸牌内容，且设计的内容大都是不尽人如意的。这主要是要让学生意识到，虽然我们每个人都无法选择我们的出身、我们的家庭，或许我们对目前的环境不一定很满意，但无论如何，我们都应该珍惜自己的境遇。

（3）由于这个游戏的内容中有可能真的涉及学生的伤心处，如家庭离异的学生、身体外貌略有欠缺的学生，所以教师在游戏之前应该先跟一些学生座谈沟通，取得学生的同意。游戏之前，教师要为游戏可能会给学生带来的负面效应表示歉意。

心灵感悟

写出自己参加此心理训练项目的感悟。

心理训练（五）蚂蚁翻叶子

一、活动目的

（1）提高团体成员开放能力，打破团体成员间的隔阂，提升职场沟通能力。

（2）培养全体团体成员的协作能力和团队精神。

（3）培养团体成员时间管理和应对危机的能力。

（4）培养职场危机意识和解决问题的能力。

（5）提升对自己的认识和对团队作用的认识。

（6）提高安全意识，培养乐观心态。

二、活动时间

大约需要 20 分钟。

三、活动道具

3 种不同尺寸的帆布：1m×1m、1m×1.5m、1.5m×1.5m。

四、活动说明

（1）参加游戏的人都必须站在塑胶帆布上（包含讨论），然后需要将塑胶帆布翻过来。只要有人的身体任何部分碰触到地面就要重来。

（2）帆布面越小越难，可计算难度系数。

（3）有条不紊地讲解，及时反馈，确保团体成员了解任务要求。

（4）观察团体成员整体倾斜与个别出现违规的情况。

（5）团体成员轻易完成之后，可以换更小的帆布或者让更多的人加入尝试。

（6）也可以设定每隔一定时间就有一个人中毒，自行设计变聋或者变哑。

（7）团队总是倾倒时候，可以适当提示稳定技能，比如不要所有的人都单脚站立，可以脚交叉分腿站立。

五、注意事项

（1）根据人数多少给予大、中、小的塑胶帆布。

（2）活动要求地面平整开阔，两米范围内没有硬物。

（3）强调学员在项目实施中注意安全，不要踢伤“翻树叶”的队友。

（4）尽量避免团体成员踩在队友的脚上保持平衡，坚持不住的团体成员要及时报告。

（5）活动之初要严格要求，团体成员在“翻叶子”时候手指触地要重新开始。

（6）控制活动的难度，尽量让团体成员经过艰难的努力后完成项目。

（7）要强调安全规则，确保团体成员安全。

心灵感悟

写出自己参加此心理训练项目的感悟。

附　　录

附录1　四种气质类型测试

气质类型是一类人身上共有的或相似的气质特点和典型结合，它是一群人区别于另一群人的标志之一。来测测你的气质类型吧！

一、题目

(1) 做事力求稳妥，一般不做无把握的事。
(2) 遇到可气的事就怒不可遏，想把心里话全说出来才痛快。
(3) 宁可一个人干事，不愿很多人在一起。
(4) 到一个新环境很快就能适应。
(5) 厌恶那些强烈的刺激，如尖叫、噪声、危险镜头等。
(6) 和别人争吵时总是先发制人，喜欢挑衅别人。
(7) 喜欢安静的环境。
(8) 善于和别人交往。
(9) 是那种善于克制自己感情的人。
(10) 生活有规律，很少违反作息制度。
(11) 在多数情况下，情绪是乐观的。
(12) 碰到陌生人觉着很拘束。
(13) 遇到令人气愤的事，能很好地自我克制。
(14) 做事总是有旺盛的精力。
(15) 遇到事情总是举棋不定，优柔寡断。
(16) 在人群中从不觉得过分拘束。
(17) 情绪高昂时，觉着干什么都有趣；情绪低落时，又觉得干什么都没意思。

（18）当注意力集中于一事物时，别的事很难使自己分心。

（19）理解问题总比别人快。

（20）碰到问题总有一种极度恐惧感。

（21）对学习、工作怀有很高热情。

（22）能够长时间做枯燥单调的工作。

（23）符合兴趣的事情，干起来劲头十足；否则，就不想干。

（24）一点小事就能引起情绪波动。

（25）讨厌那种需要耐心细致的工作。

（26）与人交往不卑不亢。

（27）喜欢参加热闹的活动。

（28）爱看感情细腻、描写人物内心活动的文艺作品。

（29）工作学习时间长了，常感到厌倦。

（30）不喜欢长时间谈论一个问题。

（31）愿意侃侃而谈，不愿窃窃私语。

（32）别人总是说自己闷闷不乐。

（33）理解问题常比别人慢些。

（34）疲倦时只要短暂休息就能精神抖擞，重新投入工作。

（35）心里有话，宁愿自己想，不愿说出来。

（36）认准一个目标，就希望尽快实现，不达目的，誓不罢休。

（37）学习或工作同样一段时间后，常比别人更疲倦。

（38）做事有些莽撞，不考虑后果。

（39）老师或他人讲授新知识、技术时总希望他讲得慢些多重复几遍。

（40）能够很快忘记那些不愉快的事情。

（41）做作业或完成一项工作总比别人花时间多。

（42）喜欢运动量大的剧烈体育活动，或者参加文艺活动。

（43）不能很快地把注意力从一件事情上转移到另一件事情上去。

（44）接受一个任务后，就希望把它迅速解决。

（45）认为墨守成规比冒险强。

(46) 能够同时注意几件事物。

(47) 当烦恼时，别人很难使自己高兴起来。

(48) 爱看情节起伏跌宕、激动人心的小说。

(49) 对工作认真严谨，有始终一贯的态度。

(50) 和周围人的关系总是相处不好。

(51) 喜欢复习学过的知识，重复做熟练的工作。

(52) 喜欢做变化大、花样多的工作。

(53) 小时候会背的诗歌，似乎比别人记得清楚。

(54) 别人说自己“出语伤人”，可自己并不觉得。

(55) 在体育活动中，常因反应慢而落后。

(56) 反应敏捷，头脑机智。

(57) 喜欢有条理而不甚麻烦的工作。

(58) 兴奋的事常使自己失眠。

(59) 老师讲新概念，常常听不懂，但弄懂以后就很难忘记。

(60) 假如工作枯燥，马上就会情绪低落。

二、得分情况

在回答问题时，很符合自己情况记2分，较符合记1分，一般（既符合又不符合）记0分，较不符合记-1分，很不符合记-2分，并把各个类型得分分别计算出来。

胆汁质 2 6 9 14 17 21 27 31 36 38 42 48 50 54 58 总分 （　）

多血质 4 8 11 16 19 23 25 29 34 40 44 46 52 56 60 总分 （　）

黏液质 1 7 10 13 18 22 26 30 33 39 43 45 49 55 57 总分 （　）

抑郁质 3 5 12 15 20 24 28 32 35 37 41 47 51 53 59 总分 （　）

如果某一项，或两项的得分超过20，则为典型的该气质。

如果某一项，或两项的得分在20分以下，10分以上，其他各项分数较低，则为该项一般气质。

若各项得分均在10分以下，但某项或几项得分较其余几项为高（相差5分以上），则为略倾向于该气质，（或几项的混合），如略偏黏液质型、多血质-胆汁混合型，其余类推。一般来说，分值越高，表明该气质越明显；反之，分值越低越负，表明越不具备该项气质特征。

附录 2 比奈-西蒙智力测验

被试编号： 年龄： 性别：

教育水平： 职业： 身体状况：

完成时间：45 分钟内

一、指导语

你必须在 45 分钟内完成全部 60 个题目，一定不要超过时间。

不要在一个题目上耽搁太久，如果回答不出，就猜一个答案。猜错不扣分。不要留下未回答的题目。

如果一个题目看起来有一个以上的正确答案或没有正确答案，选一个你认为最好的答案。这些题目是为了测验你的思考力而有意设计的。

二、智力测验（11 岁以上儿童和成人）

（1）五个答案中哪一个是最好的类比？

工工人人人工人人工对于 221112112 相当于工工人人工人人人工对于

A. 221221122 B. 22112122 C. 22112112 D. 112212211 E. 212211212

（2）找出与众不同的一个。

A. 铝 B. 锡 C. 钢 D. 铁 E. 铜

（3）五个答案中哪一个是最好的类比？

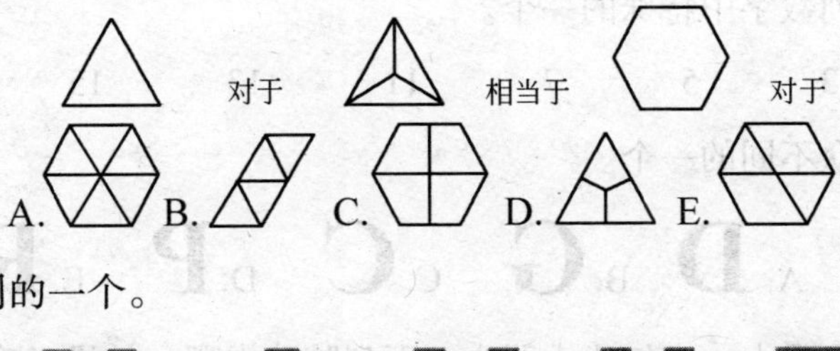

（4）找出与众不同的一个。

A. N B. A C. V D. H E. F

（5）全班学生排成一行，从左数和从右数小明都是第 15 名，问全班共有学生多少人？

A. 15 人　　B. 25 人　　C. 29 人　　D. 30 人　　E. 31 人

（6）一个立方体的六面，分别写着 A、B、C、D、E、F 六个字母。根据以下四张图，推测 B 的对面是什么字母。

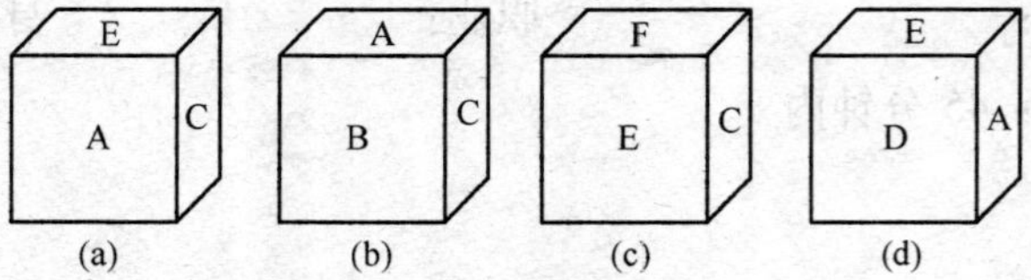

（7）找出与“确信”意义相同或意义最相近的词。

A. 正确　　B. 明确　　C. 信心　　D. 肯定　　E. 真实

（8）五个答案中哪一个是最好的类比？

脚对于手相当于腿对于

A. 肘　　B. 膝　　C. 脚趾　　D. 手指　　E. 臂

（9）五个答案中哪一个是最好的类比？

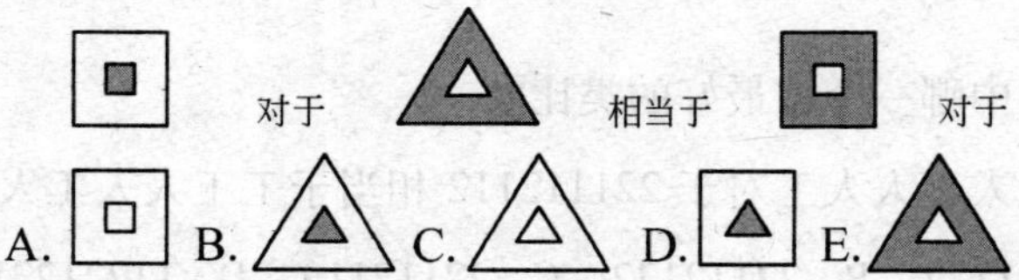

（10）如果所有的甲都是乙，没有一个乙是丙，那么，“一定没有一个丙是甲”。这句话是：

A. 对的　　B. 错的　　C. 既不对也不错

（11）找出下列数字中特殊的一个。

1　　3　　5　　7　　11　　13　　15　　17

（12）找出与众不同的一个。

A. **D**　B. **G**　C. **C**　D. **P**　E. **R**

（13）小明比小强大，小红比小明小。下列陈述中哪一句最正确？

A. 小红比小强大　　B. 小红比小强小

C. 小红与小强一样大　　D. 无法确定小红与小强谁大

（14）找出与众不同的一个。

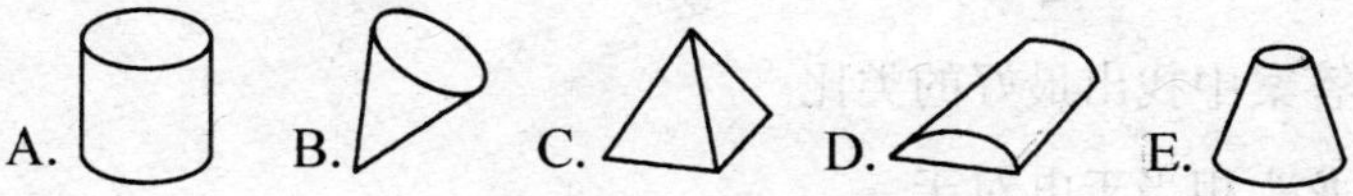

（15）五个答案中哪一个是最好的类比？

“预杉”对于“须杆”相当于 8326 对于

A. 2368　　B. 6283　　C. 2683　　D. 6328　　E. 3628

（16）小明有 12 枚硬币，共 3 角 6 分钱。其中有 5 枚硬币是一样的，那么这五枚一定是：

A. 1 分的　　B. 2 分的　　C. 5 分的

（17）找出与众不同的一个。

A. 公里　　B. 英寸　　C. 亩　　D. 丈　　E. 米

（18）经过破译敌人密码，已经知道了“香蕉苹果大鸭梨”的意思是“星期三秘密进攻”，“苹果甘蔗水蜜桃”的意思是“执行秘密计划”，“广柑香蕉西红柿”的意思是“星期三的胜利属于我们”，那么，“大鸭梨”的意思是：

A. 秘密　　B. 星期三　　C. 进攻　　D. 执行　　E. 计划

（19）五个答案中哪个是最好的类比？

爱对于恨相当于英勇对于

A. 士气　　B. 安全　　C. 怯懦　　D. 愤怒　　E. 恐怖

（20）一本书的价格降低了 50%。现在，如果按原价出售，提高了百分之几？

A. 25%　　B. 50%　　C. 75%　　D. 100%　　E. 200%

（21）五个答案中哪一个是最好的类比？

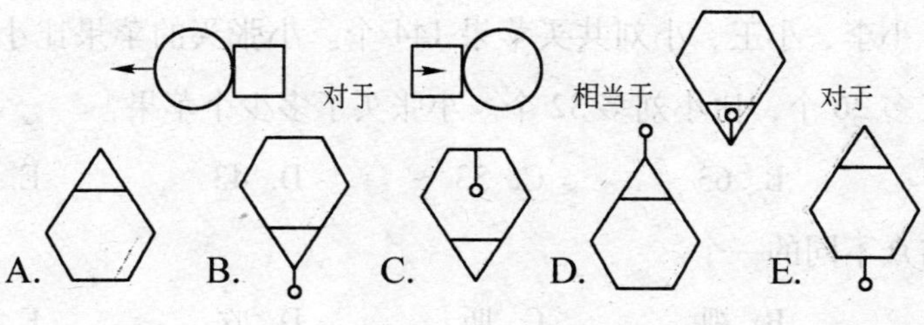

（22）找出与众不同的一个。

A. 南瓜　B. 葡萄　C. 黄瓜　D. 玉米　E. 豌豆

（23）从五个答案中找出最好的类比。

水对于龙头相当于电对于

A. 光线　B. 开关　C. 电话　D. 危险　E. 电线

（24）打满水缸要 11 桶水。王林每次只能提两桶水，要打满水缸他需要走几趟？

A. 5　B. 5.5　C. 6　D. 6.5　E. 7

（25）五个答案中哪个是最好的类比？

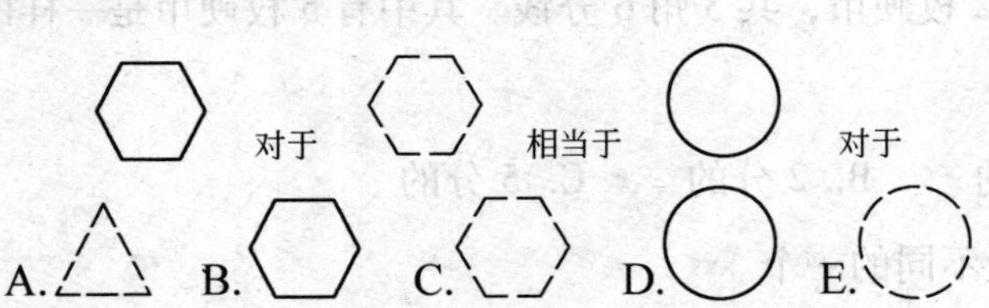

（26）如果所有的甲都是乙，所有的乙都是丙，那么，一定所有的甲都是丙。这句话是

A. 对的　B. 错的　C. 既不对也不错

（27）哪一个盒子是用下边这张硬纸折成的？

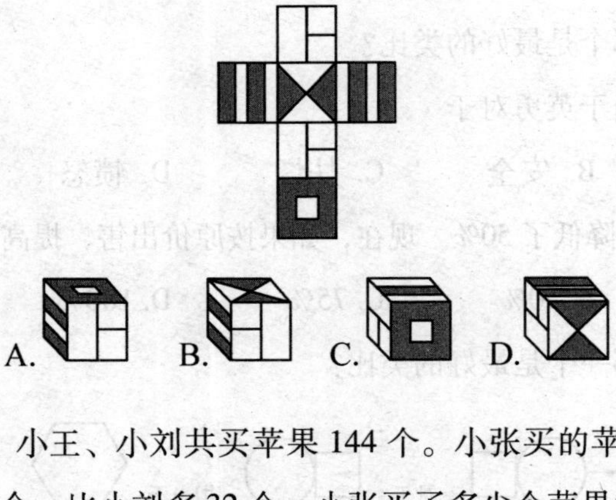

（28）小张、小李、小王、小刘共买苹果 144 个。小张买的苹果比小李多 10 个，比小王多 26 个，比小刘多 32 个。小张买了多少个苹果？

A. 73　B. 63　C. 53　D. 43　E. 27

（29）找出与众不同的一个。

A. 触　B. 视　C. 听　D. 吃　E. 嗅

(30) 五个答案中哪个是最好的类比?

女儿对于父亲相当于侄女对于

A. 侄子　B. 表兄　C. 叔叔　D. 母亲　E. 哥哥

(31) 找出与众不同的一个。

(32) 找出下列数字中多余的一个。

4　5　8　10　11　16　19　32　36

(33) 五个答案中哪个是最好的类比?

皮对于树相当于鳞对于

A. 鳃　B. 大海　C. 渔夫　D. 鱼　E. 鳍

(34) 找出与众不同的一个。

A. 鸡　B. 鸽　C. 鸭　D. 鹤　E. 鹅

(35) 樱桃对于红相当于牛奶对于

A. 湿　B. 冷　C. 白　D. 甜　E. 熟

(36) 火车守车（车尾）长 6.4 米；机车的长度等于守车的长加上半节车厢的长。车厢长度等于守车长加上机车长。火车的机车、车厢、守车共长多少米?

A. 25.6 米　B. 36 米　C. 51.2 米　D. 64.4 米　E. 76.2 米

(37) 找出与众不同的一个。

(38) 在括号中填一字，使这字与括号外面的字分别组成两个字：

古（　）巴

(39) 哥哥今年 15 岁，他的年龄是妹妹年龄的 3 倍。当哥哥的年龄是妹妹年龄 2 倍时，哥哥几岁?

A. 18　B. 20　C. 24　D. 26　E. 30

（40）五个答案中哪个是最好的类比？

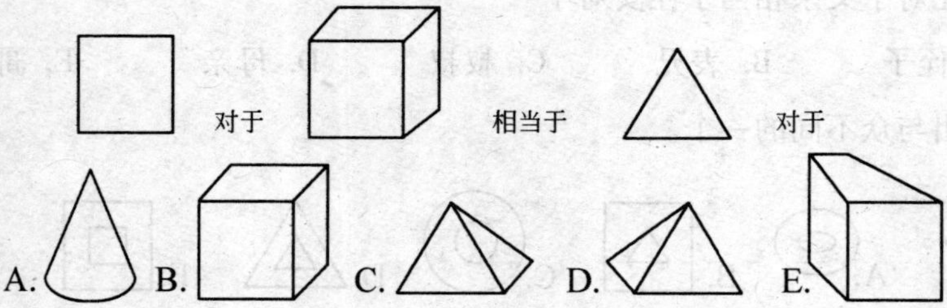

（41）五个答案中哪个是最好的类比？

角对于元相当于小时对于

A. 分　　B. 秒　　C. 月　　D. 日　　E. 钟

（42）五个答案中哪一个是最好的类比？

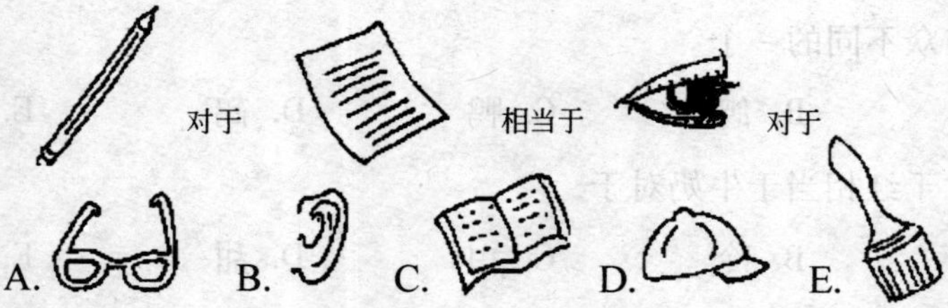

（43）如果把这个大立方体的六个面全部涂上黑色，然后按图中虚线把它切成 36 个小方块，两面有黑色的小方块有多少个？

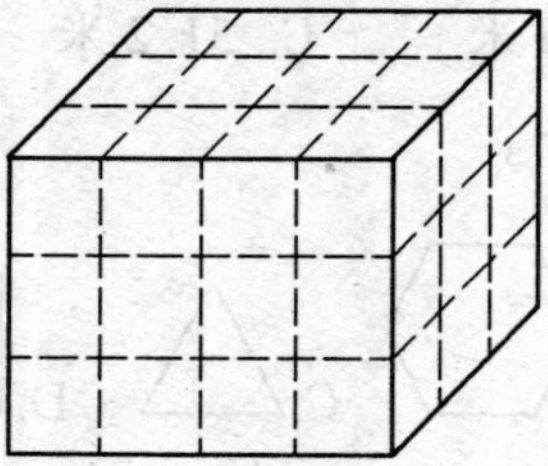

A. 8　　B. 10　　C. 12　　D. 16　　E. 20

（44）从 A、B、C、D 中选出一个合适的图案填在下边的问号处。

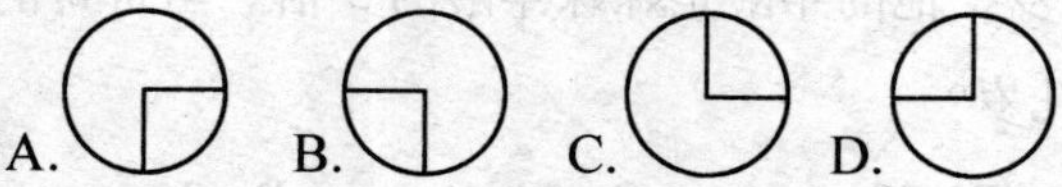

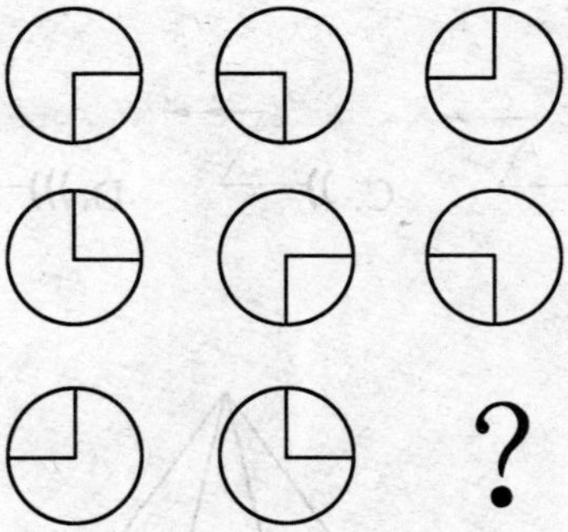

(45) 五个答案中哪个是最好的类比？

汽油对于汽车相当于食物对于

A. 嘴　　B. 胃　　C. 吃　　D. 人　　E. 牙

(46) 找出与众不同的一个。

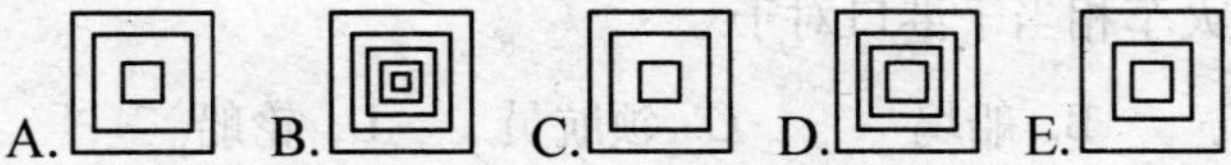

(47) 找出与众不同的一个。

A. 南昌　　B. 西安　　C. 郑州　　D. 哈尔滨　　E. 昆明

(48) 如果有些甲是乙，所有的丙都是乙，那么，一定有些甲是丙。这句话是：

A. 对的　　B. 错的　　C. 既不对也不错

(49) 五个答案中哪一个是最好的类比？

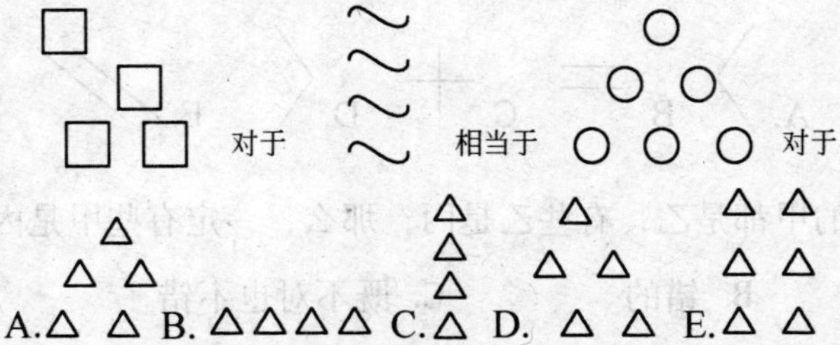

(50) 图中阴影部分占总面积百分之几？

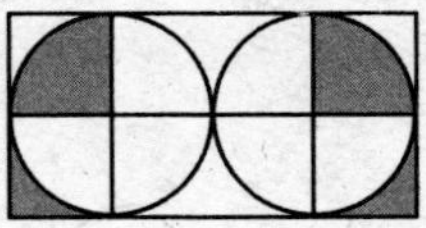

A. 20%　　B. 25%　　C. 30%　　D. 35%　　E. 40%

（51）找出与众不同的一个。

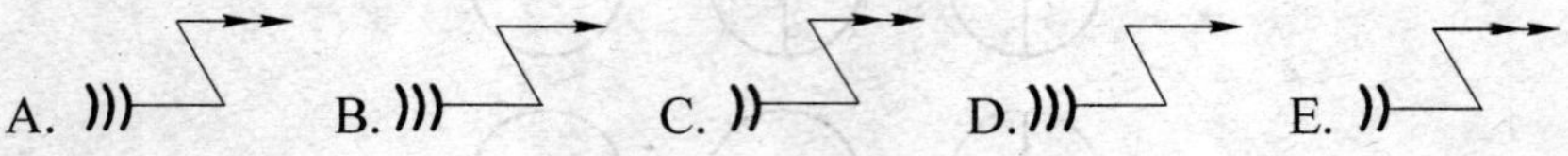

（52）数数有多少个三角形。

A. 5　　B. 7　　C. 9　　D. 11　　E. 13

（53）五个答案中哪个是最好的类比？

车站对于火车相当于港口对于

A. 起重机　　B. 船坞　　C. 领航员　　D. 轮船　　E. 旅行

（54）找出与众不同的一个。

（55）找出与众不同的一个。

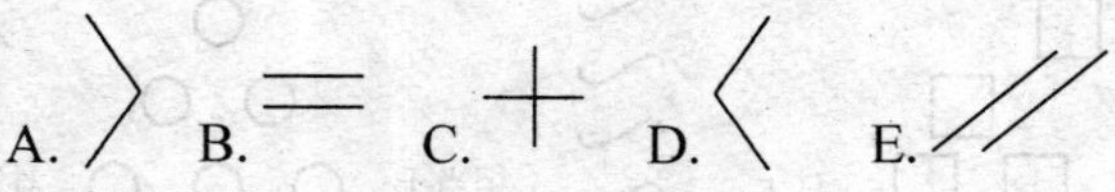

（56）如果所有的甲都是乙，有些乙是丙，那么，一定有些甲是丙。这一陈述是：

A. 对的　　B. 错的　　C. 既不对也不错

（57）找出与众不同的一个。

A. 画家　　B. 排球运动员　　C. 播音员　　D. 舞蹈演员　　E. 化妆师

（58）哪个图形与众不同？

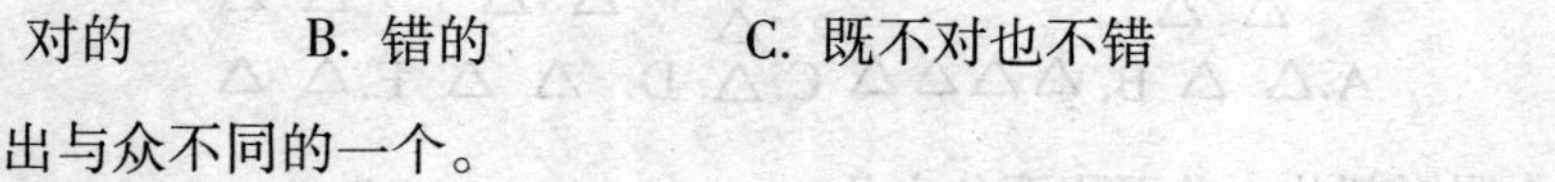

（59）找出与众不同的一个。

A. 水　　B. 太阳　　C. 汽油　　D. 风　　E. 水泥

（60）六个选项中哪个放在下面的问号处最合适？

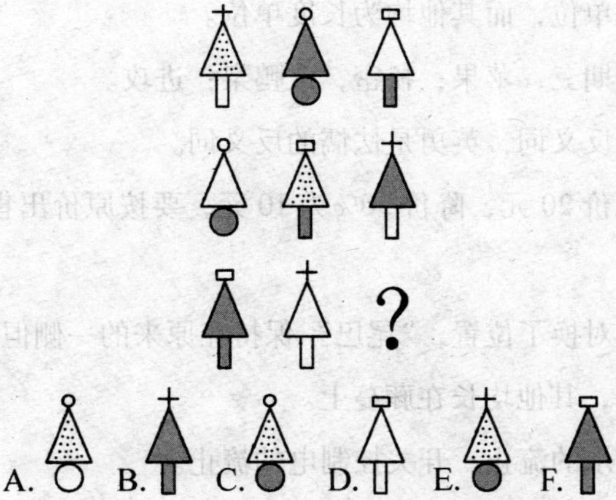

三、答案与解释

（1）C，工=2，人=1。

（2）C，钢是合金，而其他是纯金属。

（3）A，都是顶角平分线交于一点并将多边形等分。

（4）C，只有 C 是由两条直线组成，其他均由三条直线组成。

（5）C，高于小明的 14 人，低于小明的 14 人，加上小明自己共 29 人。

（6）E，从图（b）可知，B 的对面就是 A 的尖头所指的方向，从图（a）可知其为 E。

（7）D，"确信"与"肯定"意义最相近。

（8）E，脚和手分别与腿和臂相连。

（9）B，正方形变为三角形，阴影与亮处对换。

（10）A，例如：所有的狗都是动物，没有动物是植物，那么，没有植物是狗。

（11）15，除 15 外均为质数。

（12）C，除 C 外，其他均由直线和曲线组成，而 C 只有曲线。

（13）D，我们仅仅知道小红和小强均比小明小。

（14）C，仅C完全由直线构成，而其他则由直线和曲线构成。

（15）D，予=8，页=3，木=2，彡=6。

（16）C，5分的5枚，2分的4枚，1分的3枚是唯一解。

（17）C，亩是面积单位，而其他均为长度单位。

（18）C，香蕉：星期三，苹果：秘密，大鸭梨：进攻。

（19）C，爱是恨的反义词，英勇是怯懦的反义词。

（20）D，例如，原价20元，降价50%为10元，要按原价出售，需提高100%才为20元。

（21）E，几何图形对换了位置，“尾巴”保持在原来的一侧但是改变了指向。

（22）D，除玉米外，其他均长在藤蔓上。

（23）B，龙头控制水的流止，开关控制电的流止。

（24）C，为打第11桶还需走一趟。

（25）E，图形不变，仅实线变成虚线。

（26）A，例如，如果所有的狗都是哺乳动物，所有的哺乳动物都是动物，那么，一定所有的狗都是动物。

（27）D，如果看不出来，可以亲手制作。

（28）C，小张53个，小李43个，小王27个，小刘21个。53+43+27+21=144。

（29）D，除D外均为感觉。

（30）C，叔叔和侄女是父女关系。

（31）B，除B外，大小图形均一样。

（32）11，消去11以后，所余部分是两个互相交错的数列。

（33）D，树皮覆盖在树表面，鱼鳞覆盖在鱼表面。

（34）D，除鹤以外，均为家中饲养的禽类。

（35）C，红是樱桃的颜色，白是牛奶的颜色。

（36）C，机车长=19.2米；车厢长=6.4米+19.2米=25.6米；总长=6.4米+19.2米+25.6米=51.2米。

（37）E，除E外，均为正多边形。

（38）月，分别组成“胡”和“肥”字。

（39）B，哥哥 20 岁时，妹妹 10 岁。

（40）C，从偏左侧看，正方形是正方体的前面，三角形是三棱锥体的前面。

（41）D，角是元的低级量度单位，小时是日的低级量度单位。

（42）C，人用笔来写作，用眼来看书。

（43）D，前后各 6 个，左右各 2 个。

（44）A。

（45）D，汽油是汽车的能源，食物是人的能源。

（46）B，除 B 外，方框的个数均是奇数。

（47）D，除 D 外，均由两个字组成。

（48）B，例如，如果有些汽车是白色的，雪全是白色的，那么，一定有些汽车是雪。

（49）E，都变成同样数目的不同图形。

（50）B。

（51）A，除 A 外，其余的两两成对。

（52）D。

（53）D，车站是火车的装货地点，港口是船的装货地点。

（54）B，除 B 外，其余均是容器。

（55）C，“+”是数学运算的符号，而其他均表示数学关系。

（56）B，例如：如果所有的猫均是动物，有些动物是狗，那么，一定有些猫是狗。

（57）C，除 C 外，均通过肢体运动来工作，而播音员通过语言来工作。

（58）A，B、C、D、E 均由两个圆、一个长方形、一条弧线和四条直线组成，A 多一条直线。

（59）E，其他均可作为能源。

（60）C。

四、分析：左右脑能力

测左脑功能：1、2、5、7、8、10、11、13、16、17、18、19、20、23、24、26、28、29、30、32、33、34、36、38、39、41、45、47、48、53、55、56、57、59

测右脑功能：3、4、6、9、12、14、15、21、22、25、27、31、35、37、40、42、43、44、46、49、50、51、52、54、58、60

如果在未正确回答的题目中左脑型和右脑型的题目数量差不多，那么，说明两半球脑功能比较平衡。

如果在未正确回答的题目中右脑型的题目数量比较多，那么，可能是一个左脑型思维者，倾向于通过左脑思维来解决问题。

如果在未正确回答的题目中左脑型的题目数量比较多，那么，可能是一个右脑型思维者。

计算你猜对的题目数。这些题目是靠直觉思维完成的，是右脑功能的反映。如果这种猜对的题目的数量比较多，那么很可能不是胡乱猜对的，而是右脑直觉思维功能储存在左脑潜意识中的有用信息相互作用的结果。

五、计分表

附表 2-1　计分表

年龄	11	12	13	14	15	16 岁以上（成人）	I. Q.
	8	10	13	15	17	19	80
	9	11	14	16	18	20	82
	10	12	15	17	19	21	84
	11	13	16	18	20	22	86
	12	14	17	19	21	23	88
	13	15	18	20	22	24	90
	14	16	19	21	23	25	92
	15	17	20	22	24	23	94

续附表 2-1

年龄	11	12	13	14	15	16岁以上（成人）	I. Q.
	16	18	21	23	25	27	96
	17	19	22	24	26	28	98
	18	20	23	25	27	29	100
	19	21	24	26	28	30	102
	20	22	25	27	29	31	104
	21	23	26	28	30	32	106
	22	24	27	29	31	33	108
	23	25	28	30	32	34	110
	24	26	29	31	33	35	112
	25	27	30	32	34	36	114
	26	28	31	33	35	37	116
	27	29	32	34	36	38	118
	28	30	33	35	37	39	120
	29	31	34	36	38	40	122
	30	32	35	37	39	41	124
	31	33	36	38	40	42	126
	32	34	37	39	41	43	128
	33	35	38	40	42	44	130
	34	36	39	41	43	45	132
	35	37	40	42	44	46	134
	36	38	41	43	45	47	136
	37	39	42	44	46	48	138
	38	40	43	45	47	49	140
	39	41	44	46	48	50	142
	40	42	45	47	49	51	144
	41	43	46	48	50	52	146
	42	44	47	49	51	53	148
	43	45	48	50	52	54	150
	44	46	49	51	53	55	154
	45	47	50	52	54	56	158
	46	48	51	53	55	57	160

附录3　人职匹配测试（霍兰德量表）

本测验将帮助人们发现和确定自己的职业能力特长和兴趣方向，从而更好地做出就业、升学、在职进修或职业转向的选择。

如果读者已经选择了或者考虑好了自己的职业，本测验将使这种选择或考虑具有理论基础，并可以为该项选择提供其他合适的职业；尚未确定职业方向者，本测验将帮助其根据自身的情况选择适当的职业方向。

本测验共分六个部分，第六部分是测试总得分。每部分测试都没有时间限制，但应当尽快地完成。做完以后，请对照后面的“人职匹配测试结果”查看适合自己的职业发展方向。

一、人职匹配测试内容

第一部分：你心目中的理想职业（专业）

对于未来的职业（或升学进修的专业）你也许早有考虑，它可能很抽象、很朦胧，也可能很具体、很清晰。不管是哪种情况，现在都请你把你最想干的三种工作或最想读的三种专业，按顺序写下来：

1. ______________________________

2. ______________________________

3. ______________________________

第一部分完成后，现在请继续做第二部分。

第二部分：你所感兴趣的活动

下面列举了一些十分具体的活动。这些活动无所谓好坏，如果你喜欢去参加（包括过去、现在或将来），就请在“是”一栏的方框内画个“√”。

注意，这一部分测验主要想确定你所“感兴趣”的某种活动，而不是你“要从事”的活动。即：答题时不必考虑你过去是否干过和是否擅长这种活动，只根据你的兴趣直接做出判断。请务必做完每一个题目。

R型

你喜欢做下列事情吗？

	是	否
1. 装配修理电器	□	□
2. 维修自行车、摩托车	□	□
3. 开卡车或拖拉机	□	□
4. 用木头做东西，如盒子、简易书架	□	□
5. 开摩托车或汽车	□	□
6. 学习五笔字型打字	□	□
7. 日常用品有小毛病自己修理，如手电、眼镜、收录机	□	□
8. 制作家具或布置居室	□	□
9. 选配制作家庭音响影院系统	□	□
10. 上工艺制作课	□	□
11. 开机器，或使用家庭工具、机械	□	□

"是"一栏打"√"的总数：________________

I 型

你喜欢做下列事情吗？

	是	否
1. 阅读科技书报杂志	□	□
2. 做实验	□	□
3. 科研活动或自己设定一个问题进行研究	□	□
4. 设计制作飞机、舰船模型	□	□
5. 猜谜、做数字游戏或文字游戏	□	□
6. 阅读某专业的论文	□	□
7. 解数学难题	□	□
8. 解一盘棋局	□	□
9. 读侦探小说或悬念小说	□	□
10. 上数学、几何课	□	□
11. 上物理课	□	□

"是"一栏打"√"的总数：________________

A 型

你喜欢做下列事情吗？

	是	否
1. 素描、制图或绘画	□	□
2. 表演戏剧、小品、相声或音乐节目	□	□
3. 设计家具或家庭居室装饰	□	□
4. 经常唱卡拉 OK、经常参加舞会	□	□
5. 演奏乐器、参加合唱团	□	□
6. 读流行小说、散文、诗歌	□	□
7. 参加文艺、美术、音乐等培训班	□	□
8. 从事摄影创作	□	□
9. 读电影、电视剧本	□	□
10. 做些小工艺品	□	□
11. 练习书法	□	□

“是”一栏打“√”的总数：________________

S 型

你喜欢做下列事情吗？

	是	否
1. 给同学和亲友写信、发 EMAIL	□	□
2. 参加学校或工作单位组织的正式活动	□	□
3. 加入某个社团组织、俱乐部或组织自发的小组	□	□
4. 帮助他人解决困难	□	□
5. 照料儿童	□	□
6. 参加他人的婚礼、生日宴会等活动	□	□
7. 结识新朋友	□	□
8. 参加讨论会或辩论会	□	□
9. 看运动会或参加体育比赛	□	□
10. 探亲访友、与人来往	□	□

11. 阅读人际交往方面的书刊 □ □

“是”一栏打“√”的总数：________

E 型

你喜欢做下列事情吗？

	是	否
1. 对他人做劝说工作	□	□
2. 买东西砍价或推销产品	□	□
3. 谈论政治、参与组织活动	□	□
4. 从事个体或独立的经营活动	□	□
5. 出席正式会议、发表个人意见	□	□
6. 进行演说	□	□
7. 在社会团体中担任一定职务	□	□
8. 检查与评价别人的工作	□	□
9. 进行谈判	□	□
10. 带领若干人去完成某项任务	□	□
11. 领导他人	□	□

“是”一栏打“√”的总数：________

C 型

你喜欢做下列事情吗？

	是	否
1. 保持桌子和房间整洁	□	□
2. 抄写文章或信件、校对稿件	□	□
3. 为领导起草报告或写公务信函	□	□
4. 用笔、计算器和计算机计算数据	□	□
5. 核查班费的收支情况	□	□
6. 整理文件、报告、记录并分类归档	□	□
7. 记流水账或备忘录	□	□
8. 上打字课或学速记法	□	□

9. 参加文秘、财会等实用技能培训	□	□
10. 使用复印机、传真机和计算机打字	□	□
11. 写商业贸易信函	□	□

“是”一栏打“√”的总数：________________

第二部分已完成，现在请继续做第三部分。

第三部分：你所擅长或胜任的活动

下面从六个方面分别列举若干项十分具体的活动，以确定你具备哪一方面的工作特长。回答时，只需考虑你过去或现在对所列活动是否擅长、胜任，不必考虑你是否喜欢这种活动。如果你认为你擅长从事某一活动，就请在“是”一栏的方框内画“√”。

注意，你如果从未从事过某一活动，那就请考虑你将来是否会擅长从事该项活动。请你务必做完每一个题目。

R 型

你擅长做或胜任下列事情吗？

	是	否
1. 使用锯、钳子、螺丝刀等工具	□	□
2. 会使用万用电表	□	□
3. 给自行车或汽车加油使它们正常运转	□	□
4. 使用食品研磨机、缝纫机等	□	□
5. 修整木制家具表面	□	□
6. 看机械图或建筑设计图	□	□
7. 修理结构简单的家用电器	□	□
8. 制作航模或编织小工艺品	□	□
9. 绘制居室设计图纸	□	□
10. 修理收录音机的小毛病	□	□
11. 修理自来水管或水龙头	□	□

“是”一栏打“√”的总数：________________

I 型

你擅长做或胜任下列事情吗？

	是	否
1. 了解晶体管或集成电路的工作原理	□	□
2. 知道三种以上蛋白质含量高的食物	□	□
3. 知道一种放射性元素的“半衰期”	□	□
4. 构思一个活动计划或工作方案	□	□
5. 使用计算器、对数表或计算尺	□	□
6. 使用显微镜	□	□
7. 辨认夜空中的三个星座	□	□
8. 说明白血球的功能	□	□
9. 解释简单的化学分子式	□	□
10. 理解人造卫星不会落地的原理	□	□
11. 参加学术讨论会或科技成果交流会	□	□

“是”一栏打“√”的总数：________

A 型

你擅长做或胜任下列事情吗？

	是	否
1. 演奏一种乐器	□	□
2. 参加二重唱或四重唱表演	□	□
3. 独奏或独唱表演	□	□
4. 模仿和扮演舞台剧和影视剧中的角色	□	□
5. 说书或讲故事	□	□
6. 在舞会上以舞姿优美而出众	□	□
7. 所照的照片中有具有一定艺术水平的	□	□
8. 素描、画画或雕塑	□	□
9. 制作陶器、捏泥塑或剪纸	□	□

	是	否
10. 设计学校、单位的海报和时装	□	□
11. 写得一手漂亮文章	□	□

“是”一栏打“√”的总数：______

S 型

你擅长做或胜任下列事情吗？

	是	否
1. 善于向别人解释问题	□	□
2. 参加慰问、福利或救济活动	□	□
3. 与人友好相处、配合工作	□	□
4. 会邀请客人和招待客人	□	□
5. 能深入浅出地教育儿童	□	□
6. 为一次聚会安排娱乐活动	□	□
7. 帮助他人解决困难	□	□
8. 帮助护理病人或伤员	□	□
9. 安排学校或社团组织的各种集体事务	□	□
10. 善于体察人心，或善于判断人的性格	□	□
11. 善与年长者相处	□	□

“是”一栏打“√”的总数：______

E 型

你擅长做或胜任下列事情吗？

	是	否
1. 在学校当过学生干部并且干得不错	□	□
2. 善于督促他人工作	□	□
3. 善于使他人按你的习惯做事	□	□
4. 做事具有超常的精力和热情	□	□
5. 能做一个称职的推销员	□	□
6. 代表团体或他人向有关部门反映意见、提出建议	□	□

7. 担任某种领导职务期间获过奖或受过表扬	□	□
8. 说服别人加入你所在的团体(如俱乐部、运动队、活动小组等)	□	□
9. 创办一家商店或企业	□	□
10. 知道如何做一位成功的领导者	□	□
11. 察觉、判断问题和做决断的能力强	□	□

“是”一栏打“√”的总数：________________

C 型

你擅长做或胜任下列事情吗?

	是	否
1. 一天能誊抄近一万字	□	□
2. 能熟练地使用计算器或算盘	□	□
3. 能够熟练地打字录入	□	□
4. 善于将书信、文件迅速归档	□	□
5. 做办公室职员工作干得不错	□	□
6. 核对文章或数据时既快又准确	□	□
7. 会使用复印机、传真机等办公机器	□	□
8. 善于在短时间内分类和处理大量文件	□	□
9. 记账、开发票、写收条时既快又准确	□	□
10. 善于为自己或集体作财务预算	□	□
11. 能迅速誊清贷方或借方的账目	□	□

“是”一栏打“√”的总数：________________

第三部分已完成，现在请继续做第四部分。

第四部分：你所喜欢的职业

下面列举了许多种职业，对这些职业的基本情况你或多或少都已有所了解，并在此基础上形成了自己的评价态度。如果你对某项职业喜欢的话，请在“是”一栏中打“√”，如果不喜欢，则请在“否”一栏中打“√”。这一部分测验也要求每题必做。

R 型

你喜欢下列职业吗？

	是	否
1. 飞行机械师	□	□
2. 野生动物专家	□	□
3. 自动化技师	□	□
4. 精密仪器装配工	□	□
5. 钳工	□	□
6. 电工	□	□
7. 园艺师	□	□
8. 长途汽车司机	□	□
9. 火车司机	□	□
10. 机械、仪表工程师	□	□
11. 测绘工程师	□	□

"是"一栏打"√"的总数：________

I 型

你喜欢下列职业吗？

	是	否
1. 气象学研究人员	□	□
2. 生理学、医学研究人员	□	□
3. 天文学研究人员	□	□
4. 药剂师	□	□
5. 法医、侦探	□	□
6. 发明家	□	□
7. 科学杂志编辑	□	□
8. 数学家	□	□
9. 物理学研究人员	□	□

10. 软件编程人员 □ □

11. 哲学家 □ □

“是”一栏打“√”的总数：________

A 型

你喜欢下列职业吗？

	是	否
1. 诗人	□	□
2. 文学艺术评论家	□	□
3. 作家	□	□
4. 时装设计师	□	□
5. 歌唱家或歌手	□	□
6. 作曲家	□	□
7. 舞蹈教师	□	□
8. 画家	□	□
9. 相声、小品演员	□	□
10. 乐团指挥	□	□
11. 影视演员	□	□

“是”一栏打“√”的总数：________

S 型

你喜欢下列职业吗？

	是	否
1. 街道、工会或妇联负责人	□	□
2. 中学班主任	□	□
3. 青少年犯罪问题专家	□	□
4. 慈善机构工作人员	□	□
5. 心理咨询人员	□	□
6. 精神病医生	□	□

7. 职业介绍所工作人员	□	□
8. 导游	□	□
9. 青年团干部	□	□
10. 社会工作者	□	□
11. 婚姻介绍所红娘	□	□

"是"一栏打"√"的总数：________

E 型

你喜欢下列职业吗？

	是	否
1. 厂长、经理	□	□
2. 推销员	□	□
3. 公司驻外机构负责人	□	□
4. 民办学校校长	□	□
5. 部门经理	□	□
6. 律师或法官	□	□
7. 电视剧制片人	□	□
8. 局长、主任	□	□
9. 议员、人民代表	□	□
10. 服装批发商、代理商	□	□
11. 企业管理咨询人员	□	□

"是"一栏打"√"的总数：________

C 型

你喜欢下列职业吗？

	是	否
1. 水文、气象测量员	□	□
2. 会计师	□	□
3. 银行营业员	□	□

4. 法庭书记员 □ □

5. 人口普查登记员 □ □

6. 成本核算员 □ □

7. 化验员 □ □

8. 出版社编辑、校对员 □ □

9. 打字员 □ □

10. 办公室秘书 □ □

11. 产品质量检验员 □ □

"是"一栏打"√"的总数：________

第四部分完成后，现在请继续做第五部分。

第五部分：能力类型的自我评定

下面第五部分和第六部分的两张表（见附表3-1、附表3-2），是你对六种职业能力方面的自我评分表。你可以先与同龄人比较一下自己在每一方面的能力，然后经斟酌以后对自己的能力作一评价。评分时请在表中适当的数字上画圈。数字越大表示你的能力越强。

注意：请勿全部圈画同样的数字，因为人的每项能力不可能完全一样。

附表3-1 能力类型的自我评定1

	R型	I型	A型	S型	E型	C型
	机械操作能力	科学研究能力	艺术创作能力	解释表达能力	商业洽谈能力	事务执行能力
7特高	7	7	7	7	7	7
6高	6	6	6	6	6	6
5较高	5	5	5	5	5	5
4中等	4	4	4	4	4	4
3较低	3	3	3	3	3	3
2低	2	2	2	2	2	2
1特低	1	1	1	1	1	1

第五部分已完成，请继续做第六部分。

第六部分：能力类型的自我评定

附表 3-2 能力类型的自我评定 2

	R 型	I 型	A 型	S 型	E 型	C 型
	体力技能	数学技能	音乐技能	交际技能	领导技能	办公技能
7 特高	7	7	7	7	7	7
6 高	6	6	6	6	6	6
5 较高	5	5	5	5	5	5
4 中等	4	4	4	4	4	4
3 较低	3	3	3	3	3	3
2 低	2	2	2	2	2	2
1 特低	1	1	1	1	1	1

第六部分已完成，请继续做第七部分。

第七部分：统计和确定你的职业倾向

请将第二部分至第六部分的全部测验分数按前面已统计好的六种职业倾向（R 型、I 型、A 型、S 型、E 型和 C 型）得分填入附表 3-3，并作纵向累加。

附表 3-3 职业倾向统计表

测验项目	R 型	I 型	A 型	S 型	E 型	C 型
第二部分						
第三部分						
第四部分						
第五部分						
第六部分						
总分						

完成上述内容后，请将上表中的六种职业倾向的。“总分”按大小顺序依次从左到右重新排列：

________型、________型、________型、________型、________型、________型。

分数最高的是________型，分数第二位的是________型，分数第三位的是

______型。将得分前三项的顺序排列，就得出你的职业倾向性：______型。

将上述测验中得到的职业类型，对照以下相关内容，得出你所适合的职业。

这里需要注意的有三点：第一，同样的职业倾向类别会有不同的层次，适于不同能力水平的人从事；第二，职业是一个内容丰富的范畴，同一职业可能有许多吸引人的特征，因此可能在不同类别中出现；第三，人具有相当强的可塑性，除了适应所测出的职业类型，也可以从事相接近的职业。

二、人职匹配测试结果

（一）现实型为主的职业（以 R 开头）

RIA　牙科技术员、陶工、建筑设计员、木模工、细木工。

RIS　厨师、林务员、跳水员、潜水员、染色工、电器修理、眼镜制作、电工、报务员、装玻璃工人、发电厂操作工人、焊接工。

RIE　各种工程技术人员（包括建筑和桥梁工程、环境工程、航空工程、公路工程、电力工程、信号工程、电话工程、一般机械工程、自动化工程、矿业工程、海洋工程、交通工程等）、制图员、家政管理人员、打捞员、计量员、农民、农场工人、农业机械操作、清洁工、无线电修理、汽车修理、手表修理、管道工、线路维修工、盖房修房工、电子技术员、伐木工、机械师、锻压操作工、造船装配工、工具仓库管理员。

RIC　船上工作人员、接待员、杂志保管员、牙医助手、制帽工、磨坊工、石匠、机械制造、机车制造、农业机械装配、汽车装配工、钟表装配和检验、电动器具装配、鞋匠、锁匠、货物检验员、电梯机修工、托儿所所长、钢琴调音工、印刷工、卡车司机。

RAI　手工雕刻、玻璃雕刻、模型制作人员、家具木工、制作皮革品、手工绣花、手工钩针编织、印刷拼版工人、图画雕刻、装订工。

RSE　消防员、交通巡警、警官、门卫、理发师、房间清洁工、屠宰工、锻工、开凿工人、管道安装工、出租汽车驾驶员、仓库管理员。

RSC　汽车驾驶员、货物搬运工、送报员、勘探员、娱乐场所服务员、起卸机操作工、灭害虫者、电梯操作工、厨房助手。

RSI 纺织工、编织工、农业学校教师、某些职业课程教师（诸如艺术、商业、技术、工艺课程）、雨衣上胶工人。

REC 抄水表员、保姆、实验室动物饲养员、动物管理员。

REI 轮船船长、航海领航员、大副、实验员。

RES 旅馆服务员、家畜饲养员、渔民、渔网修补工、水手长、收割机操作工、搬行李工人、公园服务员、救生员、登山导游、火车工程技术员、建筑工人、铺轨工人。

RCI 测量员、勘测员、仪器操作员、农业工程技师、化学工程技师、民用工程技师、石油工程技师、资料室管理员、煅烧工、烧窑工、矿工、保养工、磨床工、取样员、样品检验员、纺纱工、炮手、漂洗工、电焊工、锯木工、刨床工、制帽工、手工缝纫、油漆工、染色工、按摩师、木匠、农民、建筑工人、电影放映员、勘测员助手。

RCS 公共汽车驾驶员、水手、游泳池服务员、裁缝、建筑工人、石匠、水磨石工、泥水匠、车工、烟囱修建工、混凝土工、电话修理工、爆炸手、邮递员、矿工、裱糊工人、纺纱工。

RCE 打井工、吊车驾驶员、农场工人、邮件分拣员、铲车司机、拖拉机司机。

（二）调研型为主的职业（以I开头）

IAS 普通经济学家、农业经济学家、财政经济学家、国际贸易经济学家、实验心理学家、工程心理学家、普通心理学家、哲学家、内科医生、数学家。

IAR 人类学家、天文学家、化学家、物理学家、医学病理学家、动物标本制作者、化石修复者、艺术品管理员。

ISE 营养学家、饮食顾问、火灾检查员、邮政服务检查员。

ISC 侦察员、电视播音室修理工、电视修理服务员、编目人员、医学实验室技师、调查研究人员。

ISR 水生生物学者、昆虫学家、微生物学家、配镜师、矫正视力者、细菌学家、牙科医生、骨科医生。

ISA 实验心理学家、普通心理学家、发展心理学家、教育心理学家、社会心理学家、临床心理学家、目录学家、皮肤病学家、精神病学家、妇产科医生、眼科医生、五官科医生、医学实验室技术专家、民航医务人员、护士。

IES 细菌学家、生理学家、化学专家、地质专家、地球物理学家、纺织技术专家、医院药剂师、工业药剂师、药房营业员。

IEC 档案保管员、保险统计员。

ICR 质量检验技术员、地质学技师、工程师、图书馆技术辅助员、计算机操作者、家禽检查员。

IRA 地理学家、地质学家、水文学家、矿物学家、古生物学家、石油地质学家、地震学家、声学物理学家、原子和分子物理学家、电学和磁学物理学家、气象学家、设计审核员、人口统计学家、数学统计学家、外科医生、城市规划专家、气象员。

IRS 流体物理学家、海洋物理学家、等离子体物理学家、农业科学家、动物学家、食品科学家、园艺学家、植物学家、细菌学家、解剖学家、动物病理学家、作物病理学家、药物学家、生物化学家、生物物理学家、细胞生物学家、临床化学家、遗传学家、分子生物学家、质量控制工程师、地理学家、兽医、放射治疗技师。

IRE 化验员、化学工程师、纺织工程师、食品技师、渔业技术专家、材料和测试工程师、电气工程师、土木工程师、航空工程师、行政官员、冶金专家、原子核工程师、陶瓷工程师、地质工程师、电力工程师、口腔科（牙科）医生。

IRC 飞机领航员、飞行员、物理实验室技师、农业技术专家、动植物技术专家、生物技师、工商业规划者、矿藏安全检查员、纺织品检验员、照相机修理工、工程技术员、计算机程序编制者、工具设计者、仪器维修工。

（三）艺术型为主的职业（以 A 开头）

ASE 戏剧导演、舞蹈教师、广告撰稿人、报刊专栏作者、记者、演员、外语教师、翻译。

ASI 音乐教师、乐器教师、美术老师、管弦乐指挥、合唱队指挥、歌星、演奏家、哲学家、作家、广告经理、时装模特。

AER 新闻摄影师、电视摄像师、艺术指导、录音指导、丑角演员、魔术师、木偶戏演员、骑士、跳水员。

AEI 音乐指挥、舞台指导、电影导演。

AES 流行歌手、舞蹈演员、电影导演、广播节目主持人、舞蹈教师、口技表演者、喜剧演员、模特。

AIS 画家、剧作家、编辑、评论家、时装艺术师、家具设计师、包装设计师、布景设计师、服装设计师、新闻摄影师、男演员、文学作者。

AIE 花匠、皮衣设计师、工业产品设计师、剪影艺术家、复制雕刻品大师。

AIR 建筑师、画家、摄影师、绘图员、环境美化员、雕刻家、包装设计师、陶器设计师、绣花工、漫画家。

（四）社会型为主的职业（以S开头）

SEC 社会活动家、退伍军人服务官员、工商会事务代表、教育咨询者、宿舍管理员、饮食服务管理员。

SER 体育教练、游泳指导。

SEI 大学校长、学院院长、医院行政管理人员、历史学家、财政经济学家、职业学校教师、资料员。

SEA 娱乐活动管理员、国外服务办事员、社会服务助理、一般咨询者、宗教教育工作者。

SCE 部长助理、福利机构职员、生产协调人、环境卫生管理人员、戏院经理、餐馆经理、售票员。

SRI 外科医师助手、医院服务员。

SRE 体育教师、职业病治疗者、体育教练、专业运动员、房管员、儿童家庭教师、警察、引座员、传达员、保姆。

SRC 护理员、护理助手、医院勤杂工、理发师、学校儿童服务人员。

SIA 社会学家、心理咨询者、心理学家、政治科学家、大学或学院的系主任、大学或学院的教育学教师、大学农学教师、大学工程和建筑课程教师、大学法律教师、大学数学（医学、物理、社会科学、生物科学）教师、研究生助教、成人教育教师。

SIE 营养学家、饮食学家、海关检查员、安全检查员、税务稽查员、校长。

SIC 描图员、兽医助手、诊所助理、体检检查员、娱乐指导咨询人员、社会科学教师。

SII 理疗员、救护队工作人员、手足病医生、职业病治疗助手。

SAC 理发师、指甲修剪师、包装艺术家、美容师、整容专家、发式设计师。

SAE 听觉病治疗者、演讲矫正者。

SAI 图书馆管理员、小学教师、幼儿园教师、学前儿童教师、中学教师、师范学院的教师、盲人教师、智力障碍者教师、聋哑人教师二学校护士、牙科助理、飞行指导员。

（五）企业型为主的职业（以E开头）

ECI 银行行长、审计员、信用管理员、地产管理员，商业管理员。

ECS 信用办事员、保险人员、各类进货员、海关服务经理、售货员、会计。

ERI 建筑物管理员、工业工程师、农场管理员、护士长、农业经营管理员。

ERS 仓库管理员、房屋管理员、货栈监督员。

ERC 邮政局长、渔船船长、机械操作领班、木工领班、瓦工领班、驾驶员领班。

EIR 科学、技术和有关定期出版物的管理员。

EIC 专利代理人、运输服务检查员、安全检查员、废品收购人员。

EIS 警官、侦察员、交通检查员、安全咨询者、合同管理者、商人。

EAS 法官、律师、公证人。

EAR 展览室管理员、舞台管理员、播音员、驯兽员。

ESC 理发师、裁判员、政府行政管理员、财政管理员、工程管理员、职业病防治员、售货员、商业经理、办公室主任、人事负责人、调度员。

ESR 家具售货员、书店售货员、公共汽车驾驶员、日用商店售货员、护士长、自然科学和工程部门的行政领导。

ESI 博物馆管理员、图书馆管理员、古迹管理员、饮食业经理、地区安全服务管理员、技术服务咨询者、超级市场管理、商品零售店店员、批发商、出租汽车服务站调度。

ESA 博物馆馆长、报刊管理员、音乐器材售货员、广告商、售画营业员、导游、(轮船或班机上的) 事务长、飞机上的服务员、船员、法官、律师。

(六) 常规型为主的职业 (以C开头)

CRI 簿记员、会计、记时员、铸造机操作工、打字员、复印机操作员。

CRS 仓库保管员、档案管理员、缝纫工、讲解员、收款员。

CRE 标价员、实验室工作者、广告管理员、自动打字机操作员、电机装配工、缝纫机操作工。

CIS 记账员、顾客服务员、报刊发行员、土地测量员、保险公司职员、会计师、估价员、邮政检查员、外贸检查员。

CIE 打字员、统计员、支票记录员、订货员、校对员、办公室工作人员。

CIR 校对员、工程职员、检修计划员、发报员。

CSE 接待员、通讯员、电话接线员、售票员、旅馆服务员、私人职员、商学教师、旅游办事员。

CSR 运货代理商、铁路职员、交通检查员、办公室通信员。

CSI 簿记员、出纳员、银行财务职员。

CSA 秘书、图书管理员、办公室办事员。

CER 邮递员、数据处理员、航空邮件检查员。

CEI 推销员、经济分析人员。

CES 银行会计、记账员、法人秘书、速记员、法院报告人。

参考文献

[1] 郭念锋．心理咨询师（基础知识）[M]．2版．北京：民族出版社，2012.
[2] 郭兴民．心理健康教育 [M]．北京：冶金工业出版社，2014.
[3] 俞国良．心理健康 [M]．2版．北京：高等教育出版社，2013.
[4] 丁茂芬．职业心理素质训练 [M]．北京：清华大学出版社，2016.
[5] 赵欣，杨广兴，黄强．职业教育心理学 [M]．香港：现代知识出版社，2006.
[6] 李向东，卢双盈．职业教育学新编 [M]．3版．北京：高等教育出版社，2015.
[7] 魏钟林，柯南木．心理健康教育 [M]．南京：南京大学出版社，2013.
[8] 刘巍，潘强．心理健康教育 [M]．北京：高等教育出版社，2005.
[9] 黄希庭，夏凌翔．心理健康教育（学生读本）[M]．2版．北京：高等教育出版社，2007.
[10] 威尔·鲍温．不抱怨的世界 [M]．西安：陕西师范大学出版社，2010.
[11] 尹登海．职业院校学生心理健康 [M]．北京：机械工业出版社，2006.
[12] 帕尔默，库珀．如何应对压力 [M]．大连：东北财经大学出版社，2007.
[13] 罗丽霞，王爱华．浅析青年错误爱情观的原因及对策 [J]．法制与社会，2009 (16)，32.
[14] 曾谋．青少年异性友谊的特点——与人格、性别角色和社会适应关系 [D]．广州：中山大学，2010.
[15] 魏玲．中学生异性交往自我及其与异性交往心理问题的关系研究 [D]．重庆：西南大学，2007.
[16] 齐芬．班主任应如何对待高中生的“早恋”现象 [J]．青少年研究，2013 (1)：31-33.
[17] 李建兴．初中生亲情教育路径分析 [J]．丽水学院学报，2009，31 (3)：81-84.
[18] 路晨菲．当代中国高校爱情教育内容研究——基于天津市高校的调查研究 [D]．天津理工大学，2009.
[19] 马彦．心理健康教育 [M]．北京：机械工业出版社，2007.
[20] 李百珍．青少年心理卫生与心理咨询 [M]．北京：北京师范大学出版社，2005.
[21] 蔡芳梓．身心健康教育 [M]．广州：广东科技出版社，2007.
[22] 刘蔚然，史为磊．中学生心理健康 [M]．北京：中国石化出版社，2010.
[23] 刘晓明，杨平．大学生心理健康教育 [M]．北京：科学出版社，2009.
[24] 蒋奖．中学生心理健康教育 [M]．北京：中国轻工业出版社，2010.

[25] 杜志敏．心理素质与综合能力训练教程［M］．北京：化学工业出版社，2007.

[26] 华芬．家庭教育全书［M］．北京：新世界出版社，2013.

[27] 戴建华．当代青少年亲情价值观的心理学研究［M］．上海：上海师范大学，2007.

[28] 谢浏勤．大力开展亲情教育［J］．成才之路，2007（2）：3.

[29] 袁得正．亲情教育三步曲［J］．班主任之友，2005（3）：24.

[30] 刘小勇．未雨绸缪，合理引导——解决中学生早恋问题的有效途径［J］．才智，2008（1）：114-115.

[31] 罗颖．大学新生友谊观的调查分析［J］．当代教育论坛，2008（10）：58-59.

[32] 蒋乃平．职业生涯规划（修订版）［M］．北京：高等教育出版社，2013.

[33] 蒋乃平，杜爱玲．职业生涯规划教学参考书［M］．2 版．北京：高等教育出版社，2013.

[34] 储克森．职业就业指导及创业教育［M］．2 版．北京：机械工业出版社，2008.

[35] 劳动和社会保障部组织编写．中国高技能人才楷模事迹读本［M］．北京：中国劳动社会保障出版社，2006.

冶金工业出版社部分图书推荐

书　　名	作　者	定价（元）
美丽校园人读本（中职教材）	郭兴民	28.00
法治素养（中职教材）	郭兴民	27.00
师德修炼（中职教材）	勾东海	（估）26.00
安全素养（中职教材）	闫永荃	（估）26.00
创新创业素养（中职教材）	魏定俊	（估）26.00
科学素养（中职教材）	刘　薇	（估）26.00
核心职业素养能力训练（中职教材）	杜永关	（估）26.00
冶金通用机械与冶炼设备（第2版）（高职高专教材）	王庆春	56.00
矿山提升与运输（第2版）（高职高专教材）	陈国山	39.00
机械制图（第2版）（高职高专教材）	阎　霞	46.00
机械制图习题集（第2版）（高职高专教材）	阎　霞	35.00
高职院校学生职业安全教育（高职高专教材）	邹红艳	22.00
机械基础与训练（上）（高职高专教材）	黄　伟	40.00
机械基础与训练（下）（高职高专教材）	谷敬宇	32.00
工程材料及热处理（高职高专教材）	孙　刚	29.00
冶金机械设备故障诊断与维修（高职高专教材）	蒋立刚	55.00
现代转炉炼钢设备（高职高专教材）	季德静	39.00
采掘机械（高职高专教材）	陈国山	42.00
烧结球团生产操作与控制（高职高专教材）	侯向东	35.00
冶金企业安全生产与环境保护（高职高专教材）	贾继华	29.00
自动化仪表使用与维护（高职高专教材）	吕增芳	28.00
环境监测与分析（高职高专教材）	黄兰粉	32.00
电子技术及应用（高职高专教材）	龙关锦	34.00